AF607291

SONETOS, ODAS Y OTROS POEMAS

JOHN KEATS

SONETOS, ODAS Y OTROS POEMAS

Prólogo de Matthew Arnold
Traducción de José María Martín Triana

VISOR LIBROS

VOLUMEN CMIX DE LA COLECCIÓN VISOR DE POESÍA

1.ª edición, 2015
2.ª edición, 2025

Cubierta: Diego Jordán

Isaac Peral, 18 - 28015 Madrid
www.visor-libros.com

ISBN: 978-84-9895-909-3
Depósito Legal: M-28255-2024
Impreso en España - Printed in Spain
Gráficas Muriel. C/ Investigación, n.º 9. P. I. Los Olivos - 28906 Getafe (Madrid)

JOHN KEATS

De acuerdo con la famosa definición de Milton, la poesía debería ser «sencilla, sensual y apasionada»[1]. Nadie puede poner en duda la eminencia que en la poesía de Keats tiene la cualidad de la sensualidad. Keats, como poeta, es abundante y encantadoramente sensual; ciertas personas dudarán que en su poesía haya algo más. Se pueden sacar a la luz muchos detalles que parecen mostrarle bajo la fascinación y único dominio de la sensualidad, sin desear nada mejor. En una de sus cartas hay esta exclamación: «Oh, una vida de sensaciones, más que de pensamientos». En otra, apunta la siguiente tesis: «En un gran poeta, el sentido de la belleza domina cualquier otra consideración, o más bien borra toda consideración». En el retrato que Haydon escribió del poeta, se lee cómo «una vez se cubrió la lengua y la garganta, hasta donde llegaban sus dedos, con pimentón, para así poder apreciar la deliciosa frialdad del clarete en toda su gloria, según las mismas palabras del poeta»[2]. Uno se sorprende cuando, más adelante, Haydon nos cuenta, al seguir hablando del héroe de dicho retrato, que una vez, durante seis semanas seguidas, apenas si estuvo algún día

[1] Milton: «Sobre educación»: la poesía es más sencilla, sensual y apasionada que la retórica.

[2] Benjamín Robert Haydon (1786-1846), pintor histórico inglés.

sobrio. «No tenía voluntad de carácter», y luego añade, «ni objeto hacia el que dirigir sus grandes facultades».

El carácter y el dominio de sí mismo, la *virtus verusque labor*[3], tan necesarios para cualquier tipo de grandeza, e indispensables también para el gran artista, parece que le faltaba, ciertamente, a este Keats del retrato de Haydon. También se les echa de menos en el Keats de las *Cartas a Fanny Brawne*[4]. Estas cartas dan lugar a una impresión tan molesta como las anécdotas de Haydon. El encargado de la edición de los diarios de Haydon no podía omitir, con razón, lo que este decía de su amigo, pero para la publicación del epistolario dedicado a Fanny Brawne, no veo, en cambio, ninguna buena razón. Confieso que este libro me parece inexcusable; nunca debería de haber sido publicado, pero, ya que lo fue, tenemos que contar con él. No juzgaremos las cartas que Keats escribió al borde de la muerte, bajo la garra estrangulante y acobardadora de una enfermedad mortal. Pero veamos esta, escrita unos meses antes de caer enfermo. La copio tal como Keats la redactó.

> Me has absorbido. En el momento presente tengo la impresión de que me disolviese. Me sentiría exquisitamente miserable si no tuviera la esperanza de volver a verte pronto. Me asustaría el tenerme que alejar de ti. Mi dulce Fanny, ¿cambiará alguna vez tu corazón? Y mi amor, ¿cambiará? Ya no tengo límites para mi amor… Acaba de llegarme tu nota. No puedo

---

[3] Resolución y labor verdadera.

[4] Publicadas en 1878.

> sentirme feliz alejado de ti. Eres más rica que un cargamento de perlas. Ni en broma me amenaces. Me asombra que los hombres puedan morir mártires de la religión. Tiemblo al pensar en ello. Pero ya no tiemblo: me dejaría martirizar en nombre de mi religión: el amor es mi religión. Por él moriría. Por ti moriría. Mi credo es el amor y tú eres su único dogma. Me has embelesado con un poder que no puedo resistir, y, sin embargo, frente le hacía hasta que te vi, y después de que te conocí, a menudo me he ocupado de «razonar contra las razones de mi amor». Ya no puedo hacer tal cosa; el dolor sería demasiado grande. Mi amor es egoísta. No puedo respirar sin ti.

Un hombre que escribe cartas de amor de esta manera está probablemente predestinado —cualquiera puede hacer tal observación— a ver la desgracia de sus asuntos amorosos, pero tal cosa no es nada. El total enervamiento del escritor es lo que, en realidad, hay que hacer notar. Tenemos el tono, o si se quiere, la total falta de tono, el abandono de toda reticencia y toda dignidad, del hombre meramente sensual, del hombre que es «esclavo de la pasión»[5]. Es más, aparecen de tal manera, que uno se ve tentado a hablar hasta como solía hacerlo el *Blackwood* o el *Quarterly*, antiguamente; uno se ve tentado a decir que la carta de amor de Keats es la carta de amor de un aprendiz de cirujano. En su relajado abandono de sí mismo, hay algo vulgar e innoble, como el de un joven mal educado,

[5] Adaptación de *Hamlet*: acto III, escena II, verso 74.

que nunca ha recibido la enseñanza que nos dice que debemos frenar un poco nuestros sentimientos, así como su expresión. Es el tipo de carta de amor que haría el aprendiz de un cirujano, y que uno escucharía leída en voz alta en el juicio por incumplimiento de un compromiso matrimonial o en el tribunal de divorcios. En ella habla el hombre sensual, y un hombre sensual mal educado y peor enseñado. El hecho de que muchas personas que sean mal educadas y hayan recibido una enseñanza deficitaria gocen con esas líneas, y hasta lleguen a pensar que son hermosas y características de quien ellas llaman su «encantador y querido Keats», no las hace mejores. Estos son los admiradores cuyos manoseos y ternuras no le hacen ningún bien, sino todo lo contrario, a la fama de Keats; quienes concentran su atención en la parte del poeta que es menos saludable y más cuestionable; quienes adoran al poeta y harían que el mundo le adorase, como el autor de:

> ligero pie, oscuros ojos violetas y cabello partido, suaves manos de hoyuelos, cuello blanco, y cremoso pecho[6].

Keats poseía esta vena de sensualidad, pero un hombre de sus facultades poéticas no podía, fuera cual fuera la fuerza de dicha vena, sino mostrar en ella también su talento. Pero también tenía algo más y algo mucho mejor. Nosotros, que creemos que Keats es, en promesa, y bajo cualquier circunstancia, si no enteramente por su obra, uno

[6] Versos del poema de Keats titulado «¡Mujer! Cuando te veo petulante, vanidosa.»

de los mayores poetas ingleses, y que también creemos que un hombre solamente sensual no puede, ni por promesa ni por obra, ser un poeta muy importante, ya que la poesía, interpreta la vida, y con un hombre de tal calibre queda fuera una gran parte noble de la vida; repito, no podemos sino buscar señales en Keats que nos hablen de algo más que de su sensualidad, tenemos que buscar signos que nos expresen su carácter y sus virtudes. Ciertamente que Keats tenía los elementos de un gran carácter y la fuerza para hacerlo evolucionar, pero esta fuerza se ve frustrada y cortada de cuajo por la desgracia, la enfermedad y el tiempo, pero para comprender debidamente el valor de Keats es necesario reconocer la existencia de dicho esfuerzo y de los elementos sobre los cuales ejerció este su poder.

Lord Houghton[7], que elogia muy sutilmente la poesía de Keats, hace sobre su carácter una observación, también llena de sutileza: «las faltas de las inclinaciones de Keats eran precisamente opuestas a las que la opinión pública suele atribuirle». Y nos da una carta escrita después de la muerte del poeta, por su hermano George, en la que el autor, al hablar del fantástico *Johnny Keats*, inventado por Lord Byron y los críticos para la opinión del montón, afirma indignado: «John era la misma alma de la resolución y la valentía, y se parecía tanto a *Johnny Keats* como al Espíritu Santo». Es importante notar este testimonio e investigar a fondo cualquier cosa que sirva para ilustrarlo y confirmarlo.

---

[7] Richard Monckton Milnes (1809-1885); estuvo al cuidado de la edición de *The Life, Letters and Remains of Keats* (1848, edición revisada: 1867).

Lord Houghton pone todo su énfasis en una declaración de fe tan directa como esta: «esta forma de probidad y desinterés», escribe Keats a sus hermanos, «que hombres como Bailey[8] poseen, mantiene y aferra la parte más ilustre de cualquier honor espiritual que pueda ofrecerse a cualquier cosa de este mundo». Lord Houghton dice que «nunca otras palabras han expresado, de forma más efectiva, la convicción de la superioridad de la virtud sobre la belleza, que esta frase». Pero el solo hacer declaración de fe de este tipo, tal como la que hace Keats, no es difícil; más bien, debemos buscar otra evidencia del instinto del carácter, de la virtud, cuando estas pasan a formar parte de la vida del hombre, pasan a formar parte de su obra.

Signos de virtud, en el gran sentido verdadero de la palabra, del instinto de la virtud al pasar a formar parte de la vida de Keats y fortalecerla, los hallo en la sabiduría admirable y el temperamento de lo que le escribe a su amigo Bailey, con ocasión de una discusión entre Reynolds[9] y Haydon:

> Últimamente han pasado cosas que me han dejado muy perplejo; seguramente las conoces: Reynolds y Haydon se han ofendido y recriminado mutuamente, y han terminado por dejar de ser amigos para siempre. Lo mismo ha ocurrido entre Haydon y Hunt[10]. Es una desdicha; los hombres deberían soportarse

---

[8] Benjamín Bailey era amigo del poeta.

[9] John Hamilton Reynolds (1796-1852), poeta y amigo de Keats.

[10] Leigh Hunt (1784-1859), poeta.

unos a otros; que no viva el hombre que no pueda ser desmembrado, sí, desgarrado en pedazos, por su parte más débil. Los hombres mejores no tienen sino una parte de bondad dentro de sí... Bailey, lo mejor es conocer primero los defectos del hombre y luego dejarles hacer. Si después de tal cosa, insensiblemente, él te arrastra hacia sí, entonces no tendrás fuerzas para romper el lazo que a él te una. Antes de que me sintiese interesado en Reynolds o Haydon, bien que me había enterado de sus defectos; sin embargo, al conocerlos, nuestra amistad se ha ido cimentando gradualmente. Siento afecto por ambos, por motivos casi opuestos entre sí, y por necesidad dependo de los dos, apoyándome siempre en la esperanza de que cuando haya pasado un corto tiempo, unos pocos años, y estos me hayan sometido más completamente a la estimación de ambos, pueda yo unirlos de nuevo.

Butler[11] ha dicho, con razón, que «el empeñarse en procurar para nuestra mente un sentido práctico de la virtud, o el suscitar en otros ese sentido práctico que el hombre, en realidad, posee, es un *acto* virtuoso». Y tal «empeñarse» es el que expresa Keats en esas palabras a Bailey. Son más que meras palabras; su pensamiento tan justo y su urgencia tan discreta, las elevan a la categoría de un *acto* virtuoso. Prueba son de tener carácter. Lo mismo se podría aplicar a unas palabras que escribió a su amigo Charles Brown, cuya bondad, ejercida con gusto cada vez que Keats la

[11] Obispo Joseph Butler: *Analogía de la Religión*: Parte I, capítulo V.

necesitaba, parecía liberarle de cualquier necesidad opresora de ganarse la vida. Keats sentía que no debía permitir que continuase tal estado de cosas. Decidió dedicarse a «ganarse el pan, como hacen otros», con la literatura periodística, en vez de poner en peligro su independencia y el respeto que a sí mismo se debía. Estas son las palabras que escribió a Brown:

> Me he acostumbrado a volver los ojos a ti, cada vez que necesito ayuda en todas mis dificultades. Este mismo hábito sería el padre del ocio y de las dificultades. Estarás de acuerdo en que es un deber que me debo a mí mismo el matar tal costumbre. No hago nada por mi subsistencia, ni me esfuerzo. Al final del próximo año me aplaudirás, no por mis versos, sino por mi conducta.

Por desgracia, no contó con otro año de salud, tras hacer anuncio de resolución tan íntegra; en aquel momento faltaban seis meses para que sufriese el fatal ataque. Pero en el breve tiempo que le quedaba, hizo todo lo posible por cumplir sus palabras.

De nuevo volvemos a encontrar signos de tal carácter, lleno de fuerza y claridad de juicio, al criticar sus propias obras, al público y a los «círculos literarios». A menudo se han citado sus palabras tras las severas críticas con que fue recibido *Endimión,* pero hay que seguir citándolas:

> El elogio o el reproche no tienen sino efecto momentáneo en el hombre cuyo amor a la belleza en

> abstracto le convierte en severo crítico de sus propias obras. Mi propia crítica me ha producido un dolor sin comparación posible, con el que el *Blackwood* o el *Quarterly* pudieran a todas luces infligirme; de igual manera, cuando siento que he dado en el clavo, ningún elogio externo puede causarme tal felicidad como mi propia y solitaria percepción, en relación con el «Endimión desaliñado». El que tal cosa así sea, no es culpa mía. ¡No! Aunque suene un poco paradójico, es tan bueno como tuve la fuerza de hacerlo[12].

Y de nuevo dice, como si hubiera previsto que algunos de sus admiradores serían extremosos al hablar de él, y él estuviese decidido a quitarse toda responsabilidad:

> No he hecho nada, salvo para la diversión de unas cuantas personas, que refinando sus sentimientos, hasta tal punto llegan que comprenden todo lo incomprensible. No tengo motivo para quejarme, ya que tengo la certeza de que cualquier cosa realmente de calidad será comprendida en esta época. No dudo de que si yo hubiera escrito *Otelo*, me habrían alabado. Seguiré adelante pacientemente.

Casi de forma inevitable, los poetas jóvenes sobrevaloran lo que ellos llaman «la fuerza de la poesía», y el poder

---

[12] Carta a J. A Hessey, del 9 de octubre de 1818. «J. S.» escribió una carta sobre Keats al *Morning Chronicle*, que aparece el 3 de octubre de 1818.

que la misma ejerce sobre el mundo. Keats no se engaña sobre este asunto, más que lo que se engaña sobre el mérito de sus propias obras:

> No tengo ninguna confianza en la poesía. No me maravilla; lo que me causa asombro es cómo la gente puede leer tanta poesía.

Su actitud hacia el público es la de un hombre fuerte, no la de un debilucho ávido de elogios, a «quien un artículo puede matar»[13]:

> Siempre consideraré que el público me debe a mí mis versos, no yo a ellos por su admiración, de la que puedo prescindir.

Y de nuevo dice en un párrafo, en el que es posible que haya abusado en el uso de las mayúsculas, pero que, sin duda, no tiene ningún otro defecto:

> No siento el más mínimo sentimiento de humildad hacia el público, ni hacia nada que exista, salvo hacia el Ser Eterno, el Principio de la Belleza, y el Recuerdo de los grandes Hombres... Me sentiría avasallado ante mis amigos y les agradecería tal avasallamiento, pero entre las multitudes de hombres no tengo ningún

---

13 Byron, en el canto XI, versos LX y siguientes, de su *Don Juan*, dice:
«John Keats, a quien un crítico mató...
La mente es extraña, esa partícula tan fogosa,
que puede dejar morirse por un artículo».

> sentimiento de sometimiento; detesto la idea de humillarme ante ellos. Nunca escribí ni un solo verso con el más mínimo atisbo de pensamiento sobre cuál sería su opinión. Perdóname por vejarte, pero me alivia el contártelo: no podría vivir sin el amor de mis amigos; me tiraría dentro del Etna por cualquier bien común importante, pero odio una popularidad empalagosa. No puedo humillarme ante ellos. Estaría en la gloria si pudiera acobardar y ofuscar a mil parlanchines que hablan de cuadros y libros.

Contra estos «parlanchines» literarios y artísticos, entre los que Byron imaginaba que Keats, probablemente, vivía siempre, elogiándolos y siendo elogiado por ellos, tiene otro estallido:

> De igual forma a como me siento poca cosa ante el genio que se halla más allá de mi entendimiento, me siento exaltado y contemplo con odio y desprecio el mundo literario. ¿Quién desearía encontrarse entre la multitud vulgar de los que son famosillos, quienes se encuentran individualmente perdidos en medio de una caterva que ellos mismos forman?

Y si quiere tanto a Fanny Brawne es porque, tal como él mismo le dice, cree que ella le aprecia por su solo valor y no por otras cosas. «He conocido mujeres que, en realidad, creo que les hubiera gustado casarse con un poema y ser apadrinadas por una novela».

En todas estas palabras hay un tono de mucha amargura y desafío, que él, con gran propiedad, dominó y corrigió al escribir el hermoso prefacio de *Endimión.* Pero lo que hay que tener en cuenta es que Keats estaba constituido de hierro y pedernal, que tenía carácter, y que tal como decía su hermano George, «se parecía tanto a *Johnny Keats* como al Espíritu Santo»: de igual forma a como se parecía a ese debilucho inventado, deleite de los círculos literarios de Hampstead.

Es una lástima que Byron, que se formó un concepto tan erróneo de Keats, nunca supiese la forma tan sutil en que Keats, por otra parte, le caracterizó, como un «objeto estupendo» en la esfera de «lo mundano, lo teatral y lo pantomímico». Pero, en realidad, no hay nada más notable en Keats que su clara visión, su lucidez, y la lucidez es consanguínea del carácter y de un gran trabajo serio. Por consiguiente, a pesar de su dominante sentido de la belleza, a pesar de su sensualidad, a pesar de su habilidad, a pesar de sus dotes expresivas, Keats podía decir resueltamente:

> No sé nada. No he leído nada, y me refiero a seguir los consejos de Salomón: «hazte con el saber, hazte con el conocimiento»[14]. Solo hay un camino para mí. El camino pasa a través de la aplicación, del estudio y del pensamiento. Lo seguiré.

Y al hablar de Milton, en vez de apoyarse en las incomparables frases de este, Keats decía, aunque siempre «buscando frases bellas», tal como él mismo nos lo cuenta: «como un amante»:

---

[14] Keats escribió «hazte con la sabiduría». (De *Proverbios*, IV, 5).

> Milton tuvo una exquisita pasión por lo que en realidad es el lujo poético, en el sentido de la soltura y el gusto; con lo que, según me parece, de buena gana se hubiera contentado si al hacer tal cosa hubiera podido conservar el respeto que se tenía a sí mismo y sentir que había cumplido con su deber, pero en él había una fermentación, por decirlo de alguna manera, esa misma especie de cosas que laboran en el gran mundo con la meta fija de que una profecía se ve cumplida. Por consiguiente, se dedicó más a los ardores que a los placeres de la canción, solazándose de vez en cuando con copas de antiguo vino.

También en su misma poesía, Keats sintió que había que hacer un lugar pasa «los ardores, en lugar de los placeres de la canción», aunque sabía que aún no estaba preparado pasa ello:

> Pero mi bandera no está desplegada en el palo mayor y aún no me atrevo a filosofar[15].

Sin embargo, hasta en su prosecución de «los placeres de la canción» existe la marca de un gran trabajo, que es consanguíneo con el carácter, y que es el carácter que pasa a formar parte de la creación intelectual. Con sinceridad, nos dice: «todo lo que me preocupa, todo por lo que vivo, es por *la mejor especie de poesía*». Es curioso observar cómo este apego por la mejor especie de poesía

[15] «Epístola a Reynolds».

le dota de cierta frialdad, como si tal afición fuera hacia las matemáticas, en lo que respecta a esos objetos primarios de la consideración de un poeta apasionado y sensual: el amor y las mujeres. Nos habla de «la opinión que se ha formado de la generalidad de las mujeres, que me parecen niñas a las que preferiría dar caramelos que no mi tiempo». Confiesa «una tendencia a clasificar a las mujeres en mis libros junto a las rosas y los dulces; nunca parecen dominantes», y comprende cómo la falta de popularidad de sus poemas pueda deberse en parte a la «ofensa que le causan a las damas», no de forma afectada, y que revierte «contra él» por ello mismo. Hasta a Fanny Brawne le escribe una «carta llena de durezas», cuando su «mente está cargada hasta los topes» de poesía:

> Sé que la mayoría de las mujeres me odiarían por tener una mente tan dura, tan insensible como para olvidarlas; olvidar las realidades más refulgentes, prefiriendo en su lugar las aburridas imaginaciones de mi propia mente... Ahora me parece tener el corazón de hierro; no podría redactar una respuesta correcta a la invitación de Idalia[16].

La realidad es que «la pasión anhelante por la bella», que en Keats, tal como él sinceramente afirma, era la pasión dominadora, que no era la pasión del hombre sensual o sentimental, ni la pasión del poeta sensual o sentimental. Es una pasión intelectual y espiritual. «No está relacionada

[16] Afrodita, diosa del amor y la belleza.

y forma una sola cosa», tal como dice Keats que era su caso, «con la ambición del intelecto». Es, tal como vuelve a decir, «la poderosa *idea abstacta* de la belleza en todas las cosas». En sus últimos días escribió: «Si muriese, detrás no dejo obra inmortal, nada que haga que mis amigos se sientan orgullosos con mi recuerdo; *pero he amado el principio de la belleza en todas las cosas*, y si hubiera tenido tiempo, habría hecho que no me pudieran olvidar». El *ha* hecho que no lo podamos olvidar y que lo recordemos no solo como un poeta, meramente sensual, y ha logrado tal cosa por haber «amado el principio de la belleza en todas las cosas».

Pues el ver las cosas a través de su belleza es ver las cosas en su verdad, y Keats lo sabía. «Lo que la imaginación toma como belleza tiene que ser verdad», dice en prosa, y en verso inmortal repite lo mismo:

> La belleza es verdad, la verdad belleza; esto es todo
> lo que sabes de la tierra, y todo lo que saber necesitas[17].

No, no es todo lo que uno necesita saber, pero es cierto, profundamente cierto, y tenemos una profunda necesidad de saberlo. Y con la belleza no solo habita la verdad, sino también la alegría, y Keats lo vio y lo dijo, como en el famoso verso primero de *Endimión,* cuando dice:

> Una obra hermosa es eterna alegría.

No es nada despreciable el haber amado tanto el principio de la belleza y haber perdido la necesaria relación que

---

[17] Oda a una urna griega.

existe entre la belleza y la verdad, y de ambas con la alegría. Keats fue un gran espíritu, y ello tiene una importancia mucho mayor de la que suponen sus admiradores, ya que esta ilustre y justa percepción se le presentó en toda su claridad. Por consiguiente, cierta dignidad y gloria iluminan su vida, así como cierta felicidad, que tampoco le era extraña. «Nada me sorprende más que el instante»; dice, «el sol, al ponerse, siempre me alegra, y si un gorrión se acerca, a mi ventana, tomo parte de su existencia y me pongo a picotear la arenilla». Pero hubo cosas que le desconcertaron muchísimo: una enfermedad que le consumió y una muerte temprana. Así le escribe a Reynolds: «creo que si tuviera un corazón saludable, animoso y duradero, y pulmones tan fuertes como los de un buey, para poder soportar sin daño el impacto del pensar profundo y de las sensaciones sin agotarme, pasaría mi vida casi enteramente solo, aunque viviese ochenta años. Pero siento que mi cuerpo es muy débil para soportarme y alcanzar la altura. Continuamente me veo obligado a vigilarme y a no ser nada». En su contra tenía todavía mas cosas: contra él se alzaba la fuerza ciega que llamamos fortuna. «¡Oh, si algo afortunado nos hubiese ocurrido alguna vez a mis hermanos o a mí! Entonces tendría esperanza, pero la desesperación me oprime como un hábito», escribe en los últimos meses de su vida. Tan desconcertado y sometido a tantas duras pruebas, mientras se veía dotado, al mismo tiempo, con un pensamiento fuertemente creativo que requería salud, y larga vida, así como circunstancias favorecedoras para su manifestación adecuada; entonces, ¿a quién puede asombrarle que el logro de Keats sea parcial e incompleto?

Sin embargo, abandonado e impedido como se encontraba, con poco tiempo y una experiencia imperfecta, «joven», tal como habla de sí mismo, «y escribiendo a ratos, esforzándose por hacerse con partículas de luz en medio de una gran tiniebla, sin saber el alcance de ninguna afirmación, de ninguna opinión». A pesar de todo esto, y gracias a su sentido de la belleza y a su percepción de la relación vital que existe entre la belleza y la verdad, Keats logró tanto en poesía que, en una de las dos grandes formas en que la poesía sirve para interpretar, en la facultad de la interpretación naturalista, que llamamos magia natural, está a la altura de Shakespeare. «La lengua de Kean»[18], dice en una admirable crítica, de este gran actor y de su fascinante forma de recitar, «la lengua de Kean parece haber despojado a las abejas de Hibla, dejándolas sin miel. Hay un *placer* indescriptible en su voz: en *Richard,* cuando dice: "despiértate con la alondra mañana, gentil Norfolk"[19]; la voz surge como a través de la atmósfera matutina, que tanto anhelas». Esta magia, «este placer indescriptible en su voz», también lo tiene Keats en su expresión poética. Nadie más en la poesía inglesa, salvo Shakespeare, tiene una expresión tan fascinantemente feliz como Keats, ni la perfección de su encanto. Decía humildemente: «Creo que después de mi muerte me hallaré entre los poetas ingleses». Y claro que se encuentra entre ellos; su compañero es Shakespeare.

[18] Edmund Kean (1789-1833), famoso actor del teatro inglés.

[19] *Ricardo III,* acto V, escena III, verso 56: «despiértate con la alondra mañana, gentil Norfolk.

Por lo que se refiere al otro gran modo de interpretación poética, esa facultad de interpretación ética, que encontramos en Shakespeare y que posee el mismo poder de motivar la belleza que su interpretación naturalista, para ella Keats no estaba maduro. Para la arquitectura de la poesía, la facultad que preside la evolución de obras como *Agamenón* o *El Rey Lear,* no estaba maduro. Su *Endimión,* como bien él mismo comprendió, es un fracaso, y su *Hiperión*, a pesar de los bellísimos momentos que contiene, no es una obra lograda. Pero en sus creaciones más breves, en las que no son necesarias ni la madura fuerza de la interpretación ética, ni la alta arquitectura que forma parte del desarrollo total poético, es genial como poeta. Los poemas que siguen a esta introducción son buena prueba de ello, y lo son de tal manera, que sobra cualquier cosa que se pudiera decir sobre los mismos. Por consiguiente, me he ocupado de hablar principalmente del hombre, y de sus elementos que explican la creación de tal obra. Su obra es shakespeasiana; en realidad, no imita a Shakespeare, pero tiene la misma talla, debido a su perfección acabada y al acierto en la expresión de la belleza, en las que Shakespeare es gran maestro. Mostrar tal obra es elogiarla. Terminemos deleitándonos con un fragmento, demasiado incompleto para que tenga sitio entre los poemas que sigen a continuación[20], pero demasiado bello también para que se pierda. Es un fragmento de una oda a mayo. Puedo, dice a mayo, puedo

[20] La presente antología incluye este fragmento completo.

tus sonrisas
buscar como antes las buscaron en griegas islas,
bardos que murieron sobre amable césped,
dejando la gran poesía a un pequeño clan.
Oh dame su vigor antiguo y nunca oído,
salvo para la callada prímula y el espacio
del cielo y unos pocos oídos;
terminada por ti, mi canción se desvanecería
contenta como la de los bardos,
rica con la sencilla adoración de un día.

MATTHEW ARNOLD, 1880

NOTA.—Este ensayo fue publicado junto con una antología de las poesías de John Keats, en la colección dirigida por T. H. Ward: *The English Poets*, en 1880.

I

SONETOS

Una obra hermosa es eterna alegría.

Endimión

ON FIRST LOOKING INTO CHAPMAN'S HOMER

Much have I travell'd in the realms of gold,
And many goodly states and kingdoms seen;
Round many western islands have I been
Which bards in fealty to Apollo hold.

Oft of one wide expanse had I been told
That deep-brow'd Homer ruled as his demesne:
Yet did I never breathe its pure serene
Till I heard Chapman speak out loud and bold:

Then felt I like some watcher of the skies
When a new planet swims into his ken;
Or like stout Cortez when with eagle eyes

He star'd at the Pacific —and all his men
Look'd at each other with a wild surmise—
Silent, upon a peak in Darien.

AL EXAMINAR POR PRIMERA VEZ LA TRADUCCIÓN DE HOMERO, HECHA POR CHAPMAN[1]

Mucho he viajado por los dominios del oro,
y muchos reinos y estados hermosos he visto;
alrededor de muchas islas occidentales estuve
que poetas en lealtad defienden para Apolo.

A menudo me han hablado de un vasto espacio
que el profundo Homero gobernó como heredad;
pero nunca respiré su pura serenidad
hasta que escuché a Chapman hablar recio y osado:

entonces me sentí como un observador de los cielos
cuando un nuevo astro deslízase en su visión;
o como el fornido Cortés cuando con ojos aquilinos

miró al Pacífico; y todos sus hombres
miráronse entre sí con desenfrenada conjetura:
en silencio, desde una cima sobre Darién.

(Octubre de 1816)

[1] George Chapman (1559-1634), poeta y dramaturgo, publicó su traducción de la obra completa de Homero, en 1614. (*Nota del traductor*).

ADRESSED TO THE SAME [HAYDON]

Great spirits now on earth are sojourning:
He of the cloud, the cataract, the lake,
Who on Helvellyn's summit, wide awake,
Catches his freshness from Archangel's wing:

He of the rose, the violet, the spring,
The social smile, the chain for Freedom's sakes:
And lo! —whose stedfastness would never take
A meaner sound than Raphael's whispering.

And other spirits there are standing apart
Upon the forehead of the age to come;
These, these will give the world another heart,

And other pulses. Hear ye not the hum
Of mighty workings? —
Listen awhile, ye nations, and be dumb.

SONETO DIRIGIDO A HAYDON[2]

Grandes espíritus ahora habitan la tierra:
el de la nube, el de la catarata, el del lago,
el que en la cumbre del Helvellyn[3], totalmente
despierto, recibe la frescura de las alas del Arcángel;

el de la rosa, el de la violeta, el de la primavera,
el de sonrisa amable, el de la cadena en nombre de
la libertad;
y mirad: el de cuya constancia nunca admitiría
un sonido más mezquino que el suspiro de Rafael[4];

y otros espíritus que se mantienen apartados
sobre la frente del tiempo por venir;
estos, estos le darán otro corazón al mundo

y otros latidos. ¿No escucháis el zumbido
de poderosos esfuerzos?... Un momento
escuchad, vosotras naciones, y luego callaos.

(Noviembre de 1816)

---

[2] Benjamín Robert Haydon (1786-1846), pintor histórico inglés.
[3] Helvellyn, tercera montaña más alta del Lake District, de Inglaterra.
[4] Comparación de Haydon con la de Rafael Sanzio.

ON THE GRASSHOPPER AND CRICKET

The poetry of earth is never dead:
When all the birds are faint with the hot sun,
And hide in cooling trees, a voice will run
From hedge to hedge about the new-mown mead;

That is the Grasshopper's —he takes the lead
In summer luxury, —he has never done
With his delights; for when tired out with fun
He rests at ease beneath some pleasant weed.

The poetry of earth is ceasing never:
On a lone winter evening, when the frost
Has wrought a silence, from the stove there shrills

The Cricket's song, in warmth increasing ever,
And seems to one in drowsiness half lost,
The Grasshopper's among some grassy hills.

EL SALTAMONTES Y EL GRILLO

La poesía de la tierra no fenece nunca:
cuando todas las aves desfallecen con el cálido sol
y en árboles refrescantes se esconden, una voz va
de seto en seto por el prado recién segado.

Es la voz del saltamontes. Ella es la primera
del fasto estival; nunca acaba con sus delicias,
pues cuando se cansa de la diversión, descansa
a su gusto, debajo de agradables hierbajos.

La poesía de la tierra no cesa nunca:
en una solitaria noche invernal, cuando el hielo ha
forjado
su silencio, desde la cocina

chilla el canto del grillo, creciendo siempre cálido,
y a uno le parece medio perdido en la modorra,
que es el del saltamontes entre colinas herbosas.

(Diciembre de 1816)

ON SEEING THE ELGIN MARBLES

My spirit is too weak — mortality
Weighs heavily on me like unwilling sleep,
And each imagin'd pinnacle and steep
Of godlike hardship, tells me I must die

Like a sick Eagle looking at the sky.
Yet 'tis a gentle luxury to weep,
That I have not the cloudy winds to keep,
Fresh for the opening of the morning's eye.

Such dim-conceived glories of the brain
Bring round the heart an indescribable feud;
So do these wonders a most dizzy pain,

That mingles Grecian grandeur with the rude
Wasting of old Time — with a billowy main —
A sun — a shadow of a magnitude.

AL VER LOS MÁRMOLES DE ELGIN[5]

Mi espíritu es muy débil: la mortalidad
me pesa mucho como un sueño renuente,
y cada pináculo y cuesta imaginada
de esfuerzo divino, me dice que tengo que morir,

como una enferma águila mira al cielo.
Sin embargo, es un fasto gentil el llorar,
pues no tengo vientos nublados que fresco
me mantengan para cuando la mañana abra los ojos.

Tales glorias pálidamente concebidas por la mente,
dan al corazón una disputa indescriptible,
así estos prodigios dan un dolor muy aturdido

que confunde grandeza griega con el rudo
desecho del viejo tiempo, con un ondulante mar,
un sol, la penumbra de una excelencia.

(Marzo de 1817)

---

[5] Con el nombre de *Mármoles de Elgin,* se conocen en Inglaterra los fragmentos estatuarios del Partenón, que se conservan en el Museo Británico. Dicho nombre se deriva de Lord Elgin, diplomático que adquirió estos fragmentos y luego los vendió al Estado inglés. (*Nota del traductor*).

ON THE SEA

It keeps eternal whisperings around
Desolate shores, and with its mighty swell
Gluts twice ten thousand Caverns, till the spell
Of Hecate leaves them their old shadowy sound.

Often 'tis in such gentle temper found,
That scarcely will the very smallest shell
Be mov'd for days from where it sometimes fell,
When last the winds of Heaven were unbound.

Oh ye! who have your eye-balls vex'd and tir'd,
Feast them upon the wideness of the Sea;
Oh ye! whose ears are dinn'd with uproar rude,

Or fed too much with cloying melody —
Sit ye near some old Cavern's Mollth, and brood
Until ye start, as if the sea-nymphs quir'd!

AL MAR

Eternos suspiros mantiene rodeando costas
desoladas, y con su poderosa ondulación
colma veinte mil cavernas, hasta que el hechizo
de Hécate les deja su antiguo sonido indistinto.

A menudo se encuentra de tan gentil temperamento
que apenas si mueve, a la concha mas pequeña
durante días, de donde una vez callase, cuando
por última vez se desataran los vientos del cielo.

¡Oh vosotros que tenéis los ojos vejados y cansados,
alegráoslos con la amplitud del mar!
¡Oh vosotros que tenéis los oídos aturdidos con el rudo

rugido o demasiado hartos de empalagosa melodía,
sentaos a la boca de una vieja caverna y meditad
hasta que os sobresalte, como si las ninfas del mar cantasen!

(Abril de 1817)

WHEN I HAVE FEARS THAT I MAY CEASE TO BE

When I have fears that I may cease to be
Before my pen has glean'd my teeming brain,
Before high-piled books, in charactery,
Hold like full garners the full-ripen'd grain;

When I behold, upon the night's starr'd face,
Huge cloudy symbols of a high romance,
And feel that I may never live to trace
Their shadows, with the magic hand of chance;

And when I feel, fair creature of an hour,
That I shall never look upon thee more,
Never have relish in the faery power

Of unreflecting love; — then on the shore
Of the wide world I stand alone, and think,
Till Love and Fame to nothingness do sink.

CUANDO TEMO QUE PUEDA DEJAR DE EXISTIR

Cuando temo que pueda dejar de existir
antes de que mi pluma haya espigado la fecunda mente,
antes de que grandes pilas de libros impresos
guarden como ricos graneros la semilla ya madura;

cuando contemplo en el rostro estrellado de la noche,
grandes símbolos velados de una ilustre ficción,
y pienso que nunca pueda vivir para esbozar
sus sombras con la mágica mano del azar;

y cuando siento, hermosa criatura de una hora,
que nunca volveré a verte otra vez,
que nunca saborearé el poder feérico

del amor irreflexivo, entonces a la orilla
del ancho mundo me quedo solo y pienso,
hasta que amor y fama se hundan en la nada.

(Enero de 1818)

WHAT THE THRUSH SAID

O thou whose face hath felt the Winter's wind,
Whose eye has seen the snow-clouds hung in mist,
And the black elm tops'mong the freezing stars!
To thee the spring will be a harvest time.

O thou whose only book has been the light
Of supreme darkness, which thou feddest on
Night after night, when Phoebus was away!
To thee the spring shall be a triple morn.

O fret not after knowledge. I have none,
And yet my song comes native with the warmth.
O fret not after knowledge! I have none.

And yet the evening listens. He who saddens
At thought of idleness cannot be idle,
And he's awake who thinks himself asleep.

LO QUE DIJO EL ZORZAL

Oh tú, cuyo rostro ha sentido el viento invernal,
cuyos ojos han visto nubes de nieve en la niebla,
y las copas de negros olmos entre estrellas glaciales,
para ti la primavera será tiempo de cosecha.

Oh tú, cuyo único libro ha sido la luz
de las supremas tinieblas, que tú alimentaste
noche tras noche, cuando Febo estaba lejos,
para ti la primavera será una triple mañana.

Oh no corras tras la sabiduría. No tengo ninguna,
pero mi canción es hermana de la calidez.
Oh no corras tras la sabiduría. No tengo ninguna,

y sin embargo, la noche me escucha. Quien se entristece
con pensamientos de ociosidad no puede estar ocioso,
y despierto está quien se piensa dormido.

(Febrero de 1818)

THE HUMAN SEASONS

Four Seasons fill the measure of the year;
There are four seasons in the mind of man:
He has his lusty Spring, when fancy clear
Takes in all beauty with an easy span:

He has his Summer, when luxuriously
Spring's honey'd cud of youthful thought he loves
To ruminate, and by such dreaming high
Is nearest unto Heaven: quiet coves

His soul has in its Autumn, when his wings
He furleth close; contented so to look
On mists in idleness—to let fair things

Pass by unheeded as a threshold brook.
He has his Winter too of pale misfeature,
Or else he would forego his mortal nature.

LAS ESTACIONES HUMANAS

Cuatro estaciones colman la medida del año;
cuatro estaciones hay en la mente del hombre.
Tiene su robusta primavera, cuando la fantasía clara
entrega toda la belleza con fácil medida.

Tiene su verano, cuando sibaríticamente ama
rumiar el pensamiento juvenil, que es meloso alimento
primaveral, y así soñar que ilustremente
está muy cerca del cielo; tranquilas calas

su alma tiene en otoño, cuando las alas
recogiéndolas cierra, contento de así contemplar
las nieblas ociosamente, de dejar pasar cosas

hermosas, inadvertidas como un arroyo por el umbral.
También tiene su invierno de pálida desfiguración;
de lo contrario, olvidaríase de su mortal naturaleza.

(Marzo de 1818)

TO SLEEP

O soft embalmer of the still midnight,
Shutting, with careful fingers and benign,
Our gloom-pleas'd eyes, embower'd from the light,
Enshaded in forgetfulness divine:

O soothest Sleep! if so it please thee, close
In midst of this thine hymn my willing eyes,
Or wait the 'Amen', ere thy poppy throws
Around my bed its lulling charities.

Then save me, or the passed day will shine
Upon my pillow, breeding many woes, —
Save me from curious Conscience, that still lords

Its strength for darkness, burrowing like a mole;
Turn the key deftly in the oiled wards,
And seal the hushed Casket of my soul.

AL SUEÑO

¡Oh dulce embalsamador de la quieta medianoche!,
que cierras con cuidadosos dedos benignos
nuestros ojos de penumbra felices, enramados
de la luz, ensombrecidos en divino olvido;

¡oh sueño tan mitigante! Si así lo quieres,
en medio de esta alabanza a ti, cierra mis ojos
pronto, o espera el Amén, antes de que tu amapola
arroje en mi lecho sus arrulladoras bondades.

Entonces líbrame o el día fugaz brillará
sobre la almohada, alimentando muchos pesares;
líbrame de la consciencia curiosa que aún domina

con su fuerza en tinieblas, horadando como topo;
gira la llave con destreza en las aceitadas guardas,
y sella el callado cofrecito de mi alma.

(Abril de 1819)

ON THE SONNET

If by dull rhymes our English must be chain'd,
And, like Andromeda, the Sonnet sweet
Fetter'd, in spite of pained loveliness,
Let us find out, if we must be constrain'd,

Sandals more interwoven and complete
To fit the naked foot of Poesy.
Let us inspect the Lyre, and weigh the stress
Of every chord, and see what may be gain'd

By ear industrious, and attention meet;
Misers of sound and syllable, no less
Than Midas of his coinage, let us be

Jealous of dead leaves in the bay wreath crown;
So, if we may not let the Muse be free,
She will be bound with garlands of her own.

AL SONETO

Si hay que encadenar nuestro inglés con aburridas
rimas y como Andrómeda, el soneto dulce,
engrillar, a pesar del encanto dolido,
busquemos, ya que a ello nos vemos constreñidos,

sandalias mejor entretejidas y terminadas
que vistan el desnudo pie de la poesía.
Investiguemos la lira y carguemos el acento
de cada cuerda y veamos qué se puede obtener

con oídos aplicados y atención cumplida;
avaros de sonido y silaba, no menos
que Midas de sus monedas, seamos vigilantes

de las hojas muertas en la corona de laurel;
así si no queremos dejar libre a la musa,
que prisionera se vea de sus mismas guirnaldas.

(Abril y mayo de 1819)

BRIGHT STAR, WOULD I WERE STEADFAST AS THOU ART

Bright star, would I were steadfast as thou art —
Not in lone splendour hung aloft the night
And watching, with eternal lids apart,
Like Nature's patient, sleepless Eremite,

The moving waters at their priestlike task
Of pure ablution round earth's human shores,
Or gazing on the new soft-fallen mask
Of snow upon the mountains and the moors —

No — yet still steadfast, still unchangeable,
Pillow'd upon my fair love's ripening breast,
To feel for ever its soft fall and swell,

Awake for ever in a sweet unrest,
Still, still to hear her tender-taken breath,
And so live ever — or else swoon to death.

¡BRILLANTE ESTRELLA! SI FUERA TAN CONSTANTE

¡Brillante estrella! Si fuera tan constante como tú;
no viviría en solitario esplendor en lo alto de la noche
vigilando, con los párpados infinitamente abiertos,
como el ermitaño insomne y paciente de la naturaleza,

Ni como las inquietas aguas en su labor sacerdotal
de pura ablución de las humanas costas de la tierra,
ni mirando la nueva y suave máscara caída,
de la nieve sobre las montañas y los páramos;

no, sin embargo, aún constante, aún inmutable,
descansando en el maduro pecho del amor bello,
sintiendo para siempre su mullido aliento,

despierto para siempre con suave inquietud,
quieto, quieto para escuchar su tierna respiración,
y así vivir siempre, o si no desvanecerme en la muerte.

(Octubre y noviembre de 1819)

II

ODAS

A POETS

Bards of Passion and of Mirth,
Ye have left your souls on earth!
Have ye souls in heaven too,
Doubl'-lived in regions new?
Yes, and those of heaven commune
With the spheres of sun and moon:
With the noise of fountains wondrous,
And the parle of voices thund'rous;
With the whisper of heaven's trees
And one another, in soft ease
Seated on Elysian lawns
Browsed by none but Dian's fawns;
Underneath large blue-bells tented,
Where the daisies are rose-scented,
And the rose herself has got
Perfume which on earth is not;
Where the nightingale doth sing
Not a senseless, tranced thing,
But divine, melodious truth,
Philosophic numbers smooth;
Tales and golden histories
Of heaven and its mysteries.

A LOS POETAS

¡Bardos de pasión y regocijo,
habéis dejado el alma en la tierra!
¿Almas tenéis también en el cielo
que duplican la vida en nuevas regiones?
Sí, los celestiales conversan
con las esferas del sol y la luna;
con el rumor de fuentes asombrosas,
y con el habla de voces atronadoras;
con el susurro de los árboles del cielo,
y entre sí, con suave descanso,
sentados en el césped de los Elíseos,
curioseados solo por los ciervos de Diana,
bajo grandes campanillas acampados,
donde las margaritas huelen como rosas,
y la rosa misma tiene un perfume
que nadie conoce en la tierra,
donde el ruiseñor ciertamente canta
no una cosa sin sentido y en éxtasis,
sino una verdad divinamente melodiosa:
puliendo filosóficos versos;
cuentos e historias doradas
del firmamento y sus misterios.

Thus ye live on high, and then
On the earth ye live again;
And the souls ye left behind you
Teach us, here, the way to find you,
Where your other souls are joying,
Never slumber'd, never cloying.
Here, your earth-born souls still speak
To mortals, of their little eak;
Of their sorrows and delights;
Of their passions and their spites;
Of their glory and their shame;
What does strengthen, and what maim.
Thus ye teach us, every day,
Wisdom, though fled far away.

Bards of Passion and of Mirth,
Ye have left your souls on earth!
Ye have souls in heaven too,
Doubl'-lived in regions new!

Así vivís en las alturas y luego
en la tierra a vivir volvéis;
y las almas que dejasteis detrás
aquí nos enseñan la forma de hallaros,
donde vuestras otras almas se solazan,
nunca adormecidas, nunca hastiadas.
Aquí, vuestras almas terrenales, aún hablan
a los mortales de sus breves vidas;
de sus dolores y de sus deleites,
de sus pasiones y de sus rencores,
de su gloria y de sus vergüenzas,
de lo que fortalece y lo que lisia.
Así nos enseñáis sabiduría,
día a día, aunque hayáis huido muy lejos.

¡Bardos de pasión y regocijo,
habéis dejado el alma en la tierra!
Almas también tenéis en el cielo
que duplican la vida en nuevas regiones!

(Diciembre de 1818)

ODE TO PSYCHE

O goddess! hear these tuneless numbers, wrung
By sweet enforcement and remembrance dear,
And pardon that thy secrets should be sung
Even into thine own soft-couched ear:
Surely I dreamt to-day, or did I see
The winged Psyche with awaken'd eyes?
I wander'd in a forest thoughtlessly,
And, on the sudden, fainting with surprise,
Saw two fair creatures, couched side by side
In deepest grass, beneath the whisp'ring roof
Of leaves and trembled blossoms, where there ran
A brooklet, scarce espied:

'Mid hush'd, cool-rooted flowers, fragrant-eyed,
Blue, silver-white, and budded Tyrian,
They lay calm-breathing on the bedded grass;
Their arms embraced, and their pinions too:
Their lips touch'd not, but had not bade adieu,
As if disjoined by soft-handed slumber,
And ready still past kisses to outnumber
At tender eye-dawn of aurorean love:
The winged boy I knew;
But who wast thou, O happy, happy dove?
His Psyche true!

A PSIQUE

Oh diosa, escucha estos versos sin melodía, arrancados
con dulce esfuerzo y caro recuerdo,
y perdona que tus secretos sean cantados,
hasta en tu propio oído de suave concha:
¿sin duda hoy soñé o acaso vi
a la alada Psique con ojos despiertos?
Vagaba por un bosque sin meta fija
y de pronto, desmayándome de sorpresa,
vi a dos criaturas hermosas, recostadas una junto a otra,
entre la hierba más espigada, debajo del susurrante techo
de hojas y flores temblorosas,
y junto a donde corría un arroyuelo, apenas los columbré:

Entre calladas flores de frescas raíces, de ojos fragantes,
azules con un blancor argentino, y capullos de púrpura tiria,
descansaban respirando tranquilos en la yerba del lecho;
sus labios no se juntaban, aunque aún no se habían
    despedido,
como separados por sopor de suave mano,
y dispuestos aún a superar los besos pasados,
en el tierno amanecer abierto de un amor auroral.
Reconocí al muchacho de las alas
pero, ¿quién eras tú, oh feliz, feliz paloma?
¡Su verdadera Psique!

O latest born and loveliest vision far
Of all Olympus' faded hierarchy!
Fairer than Phoebe's sapphire-region'd star,
Or Vesper, amorous glow-worm of the sky;
Fairer than these, though temple thou hast none,
Nor altar heap'd with flowers;
Nor virgin-choir to make delicious moan
Upon the midnight hours;
No voice, no lute, no pipe, no incense sweet
From chain-swung censer teeming;
No shrine, no grove, no oracle, no heat
of pale-mouth'd prophet dreaming.

O brightest! though too late for antique vows,
Too, too late for the fond believing lyre,
When holy were the haunted forest boughs,
Holy the air, the water, and the fire;
Yet even in these days so far retir'd
From happy pieties, thy lucent fans,
Fluttering among the faint Olympians,
I see, and sing, by my own eyes inspir'd.
So let me be thy choir, and make a moan
Upon the midnight hours;
Thy voice, thy lute, thy pipe, thy incense sweet
From swinged censer teeming;
Thy shrine, thy grove, thy oracle, thy heat
of pale-mouth'd prophet dreaming.

Oh, la más hermosa visión postrera:
de toda la marchita jerarquía del Olimpo!
Más hermosa que la estrella del país zafirino de Febo,
o que de Véspero la amorosa luciérnaga del cielo;
más hermosa que ellas, aunque no tengas ningún templo,
ni altar colmado de flores;
ni coro de vírgenes que entonen deliciosos lamentos
a las horas de la medianoche;
ni voz, ni laúd, ni caramillo, ni incienso dulce
que surja del incensario en vaivén,
ni santuario, ni enramada, ni oráculo, ni vehemencia
de la pálida boca del soñador profeta.

¡Oh la más refulgente! Aunque demasiado tardía para
antiguos votos!
demasiado, demasiado tardía para la querida lira creyente,
cuando sagradas eran las ramas de los bosques hechizados,
sagrado el aire, el agua, y el fuego.
Sin embargo, hasta en esos días tan alejados,
de felices devociones, tus refulgentes abanicos
agitándose entre lánguidos olímpicos
veo y canto, inspirado por mis propias pupilas.
Déjame así ser tu coro y hacer un lamento
a las horas de la medianoche;
tu voz, tu laúd, tu caramillo, tu incienso dulce
que surja del incensario en vaivén:
tu santuario, tu enramada, tu oráculo, la vehemencia
de la pálida boca del soñador profeta.

Yes, I will be thy priest, and build a fane
In some untrodden region of my mind,
Where branched thoughts, new grown with pleasant pain,
Instead of pines shall murmur in the wind:
Far, far around shall those dark-cluster'd trees
Fledge the wild-ridged mountains steep by steep;
And there by zephyrs, streams, and birds, and bees,
The moss-lain Dryads shall be lull'd to sleep;
And in the midst of this wide quietness
A rosy sanctuary will I dress
With the wreath'd trellis of a working brain,
With buds, and bells, and stars without a name.
With all the gardener Fancy e'er could feign,
Who breeding flowers, will never breed the same:
And there shall be for thee all soft delight
That shadowy thought can win,
A bright torch, and a casement ope at night,
To let the warm Love in!

Sí, yo seré tu sacerdote y levantaré un templo
en una región no hollada de mi mente,
donde los pensamientos ramificados, de nuevo
  crecimiento con dolor agradable,
en vez de pinos murmurarán al viento;
en amplios, amplios círculos esos árboles oscuramente
  arracimados
empluman las montañas de picos fieros, cuesta a cuesta;
y allí junto a céfiros, arroyos, aves y abejas,
las dríadas echadas en el musgo serán arrulladas al sueño,
y en medio de esta vasta tranquilidad
un santuario rosado adornaré
con los enrejados tejidos de una mente laboriosa,
con flores y campanas y estrellas sin nombre,
con todo lo que la jardinera Fantasía pueda inventar,
quien criando flores nunca criará las mismas;
y allí habrá para ti todo el deleite suave
que el pensamiento umbrío pueda conquistar,
¡brillante antorcha, y ventana abierta a la noche,
para que deje entrar al cálido amor!

(Abril de 1819)

ODE TO A NIGHTINGALE

I

My heart aches, and a drowsy numbness pains
My sense, as though of hemlock I had drunk,
Or emptied some dull opiate to the drains
One minute past, and Lethe-wards had sunk:
'Tis not through envy of thy happy lot,
But being too happy in thy happiness, —
That thou, light-winged Dryad of the trees,
In some melodious plot
Of beechen green, and shadows numberless,
Singest of summer in full-throated ease.

II

O for a draught of vintage! that hath been
Cool'd a long age in the deep-delved earth,
Tasting of Flora and the country-green,
Dance, and Provencal song, and sun-burnt mirth!
O for a beaker full of the warm South,

AL RUISEÑOR

I

Me duele el corazón y un entorpecimiento soporífero me
 punza
el sentido, como si hubiera bebido cicuta,
o vaciado un narcótico lento hasta sus heces,
hace un minuto y hacia el Leteo me hubiese hundido.
No es porque envidie tu feliz destino,
sino porque soy feliz con tu felicidad,
cuando tú, dríada de los árboles, de ligeras alas,
en un melodioso suelo
de verdes hayas y sombras innumerables,
cantas del estío con la soltura de la garganta henchida.

II

¡Oh un trago de vino, que ha sido refrescado
largo tiempo en la tierra profundamente cavada,
sabiendo a Flora y a campo verde,
baile y canción provenzal y alegría ardida al sol!
Oh una copa llena del cálido Sur,

Full of the true, the blushful Hippocrene,
With beaded bubbles winking at the brim,
And purple-stained mouth;
That I might drink, and leave the world unseen,
And with thee fade away into the forest dim:

III

Fade far away, dissolve, and quite forget
What thou among the leaves hast never known,
The weariness, the fever, and the fret
Here, where men sit and hear each other groan;
Where palsy shakes a few, sad, last gray hairs,
Where youth grows pale, and spectre-thin, and dies;
Where but to think is to be full of sorrow
And leaden-eyed despairs;
Where Beauty cannot keep her lustrous eyes,
Or new Love pine at them beyond to-morrow.

IV

Away! away! for I will fly to thee,
Not charioted by Bacchus and his pards,
But on the viewless wings of Poesy,

llena de la verdadera y ruborosa Hipocrene[6],
con burbujas ensartadas temblando en el borde
y la boca manchada de púrpura,
que yo pueda beber y dejar el mundo sin verlo,
y contigo desaparecer en el bosque indistinto:

III

Desvanecerme lejos, disolverme y casi olvidar
lo que tú entre las hojas nunca conociste,
el cansancio, la fiebre y la impaciencia
de aquí, donde los hombres se sientan escuchándose gemir
entre sí, donde la juventud crece pálida y delgadamente
espectral,
y muere, donde pensar no es sino estar lleno de pesares
y desesperanzas de párpados de plomo;
donde la belleza no puede mantener los ojos lustrosos,
ni el nuevo amor anhelarlos más allá de mañana.

IV

¡Lejos! ¡Lejos! Pues volaré hasta ti,
no conducido por Baco y sus compañeros,
sino en las alas invisibles de la poesía,

---

[6] Hipocrene era el arroyo que corría por el Monte Helicón, y que las musas consideraban sagrado. (*Nota del traductor*).

Though the dull brain perplexes and retards:
Already with thee! tender is the night,
And haply the Queen-Moon is on her throne,
Cluster'd around by all her starry Fays;
But here there is no light,
Save what from heaven is with the breezes blown,
Through verdurous glooms and winding mossy ways.

V

I cannot see what flowers are at my feet,
Nor what soft incense hangs upon the boughs,
But, in embalmed darkness, guess each sweet
Wherewith the seasonable month endows
The grass, the thicket, and the fruit-tree wild;
White hawthorn, and the pastoral eglantine;
Fast-fading violets cover'd up in leaves;
And mid-May's eldest child,
The coming musk-rose, full of dewy wine,
The murmurous haunt of flies on summer eves.

VI

Darkling I listen; and for many a time
I have been half in love with easeful Death,
Call'd him soft names in many a mused rhyme,

aunque el torpe cerebro se quede perplejo y se demore.
¡Ya contigo! Tierna es la noche,
quizá la reina luna esté en su trono,
rodeada por todos sus duendes estrellados;
pero aquí no hay luz,
salvo la que llega del cielo soplada con las brisas,
atravesando penumbras verdosas y retorcidos senderos
musgosos.

V

No puedo ver las flores que hay a mis pies,
ni el suave incienso que cuelga de las ramas,
pero en la oscuridad perfumada, adivino todas las dulzuras
con que el mes en sazón dota
a la hierba, a la espesura y al frutal salvaje;
blanco espino y pastoral eglantina;
violetas que raudas se marchitan cubiertas de hojas;
y el hijo mayor de mediados de mayo,
el rosal almizcleño y venidero, lleno de rociado vino,
susurrante morada de las moscas en los atardeceres
estivales.

VI

En oscuridad escucho y durante muchísimo tiempo
he estado medio enamorado de la sosegante muerte,
llamándola con suaves nombres en rimas muy pensadas,

To take into the air my quiet breath;
Now more than ever seems it rich to die,
To cease upon the midnight with no pain,
While thou art pouring forth thy soul abroad
In such an ecstasy!
Still wouldst thou sing, and I have ears in vain —
To thy high requiem become a sod.

VII

Thou wast not born for death, immortal Bird!
No hungry generations tread thee down;
The voice I hear this passing night was heard
In ancient days by emperor and clown:
Perhaps the self-same song that found a path
Through the sad heart of Ruth, when, sick for home,
She stood in tears amid the alien corn;
The same that oft-times hath
Charm'd magic casements, opening on the foam
Of perilous seas, in faery lands forlorn.

VIII

Forlorn! the very word is like a bell
To toll me back from thee to my sole self?
Adieu! the fancy cannot cheat so well
As she is fam'd to do, deceiving elf.
Adieu! adieu! thy plaintive anthem fades

para que el aire se llevase mi callado aliento;
ahora más que nunca parece magnífico morir,
cesar al filo de la medianoche sin dolor,
mientras tú derramas el alma completamente afuera
¡con tanto éxtasis!
Aún seguirás cantando, pero oídos tengo en vano:
tu ilustre réquiem se convertirá en mi césped.

VII

¡Tú no has nacido para morir, pájaro inmortal!
Ni que hambrientas generaciones te pisoteen;
la voz que oigo esta noche efímera, la oyeron
en días antiguos emperador y rústico:
quizá la misma canción que encontró su sendero
hasta el triste corazón de Ruth, cuando nostálgica
se vio llorando entre trigos extraños;
la misma que con frecuencia
ha encantado mágicas ventanas, abiertas sobre la espuma
de peligrosos mares, olvidadas en tierras encantadas.

VIII

¡Olvidado! ¡La misma palabra es como una campana,
que doblase desde ti para mi solitario ser!
¡Adiós! La fantasía no puede burlarse tan bien
como es fama que hace, algo engañoso,
¡Adiós! ¡Adiós! Tu elegiaco himno se desvanece

Past the near meadows, over the still stream,
Up the hill-side; and now 'tis buried deep
In the next valley-glades:
Was it a vision, or a waking dream?
Fled is that music: — Do I wake or sleep?

más allá de las praderas cercanas, sobre la quieta corriente,
hacia la ladera de la colina, y ya se sumerge hondamente
en los contiguos claros del valle:
¿fue una visión o un sueño despierto?
Ha huido esa música... ¿Dormido estoy o despierto?

(Mayo de 1819)

ODE ON A GRECIAN URN

I

Thou still unravish'd bride of quietness!
Thou foster-child of silence and slow time,
Sylvan historian, who canst thus express
A flowery tale more sweetly than our rhyme:
What leaf-fringed legend haunts about thy shape
Of deities or mortals, or of both,
In Tempe or the dales of Arcady?
What men or gods are these? What maidens loath?
What mad pursuit? What struggle to escape?
What pipes and timbrels? What wild ecstasy?

II

Heard melodies are sweet, but those unheard
Are sweeter; therefore ye soft pipes, play on;
Not to the sensual ear, but, more endear'd,
Pipe to the spirit ditties of no tone:
Fair youth, beneath the trees, thou canst not leave
Thy song, nor ever can those trees be bare;

A UNA URNA GRIEGA

I

Tú, ¡novia aún intacta de la tranquilidad!
¡Tú, hija adoptiva del silencio y el tardo tiempo,
historiadora selvática, que puedes expresar
un cuento adornado con mayor dulzura que nuestra rima!
¿Qué leyenda con guirnaldas de hojas ronda tu forma
de deidades o mortales, o de ambos,
en Tempe[7] o en las cañadas de Arcadia?
¿Qué hombres o dioses son esos? ¿Qué doncellas reacias?
¿Qué loco propósito? ¿Qué lucha por escapar?
¿Qué caramillos y panderos? ¿Qué loco éxtasis?

II

Las melodías conocidas dulces son, pero las desconocidas
aún son más dulces; así vosotros, suaves caramillos tocad:
no para el oído sensible, sino, más queridos,
tocad para el espíritu cantilenas sin tono:
Hermosa juventud, debajo de los árboles no puedes dejar
tu canción, ni nunca esos árboles quedarse dormidos;

---

[7] Tempe, valle de la Tasalia. (*Nota del traductor*).

Bold Lover, never, never canst thou kiss,
Though winning near the goal — yet, do not grieve;
She cannot fade though thou hast not thy bliss,
For ever wilt thou love, and she be fair!

III

Ah, happy, happy boughs! that cannot shed
Your leaves, nor ever bid the Spring adieu;
And, happy melodist, unwearied,
For ever piping songs for ever new;
More happy love! more happy, happy love!
For ever warm and still to be enjoy'd,
For ever panting and for ever young;
All breathing human passion far above,
That leaves a heart high sorrowful and cloy'd,
A burning forehead, and a parching tongue.

IV

Who are these coming to the sacrifice?
To what green altar, O mysterious priest,
Lead'st thou that heifer lowing at the skies,
And all her silken flanks with garlands drest?
What little town by river or sea-shore,
Or mountain-built with peaceful citadel,
Is emptied of its folk, this pious morn?

atrevido amante, nunca, nunca podrás besar,
aunque triunfante estés a un paso de la meta, pero no te
lamentes,
ella no se desvanecerá, aunque tú no tengas tu deleite,
¡pues por siempre amarás y hermosa ella será!

III

¡Oh alegres, alegres ramas que no podéis arrojar
vuestras hojas, ni despediros de la primavera;
y feliz músico, infatigable,
siempre tocando canciones por siempre nuevas!
¡Amor más feliz! ¡Más feliz, feliz amor!
Siempre cálido y aún por gozar,
siempre anhelante y por siempre joven:
respirando muy por encima de la pasión humana,
que deja el corazón muy triste y hastiado,
frente enfebrecida y lengua agostada.

IV

¿Quiénes se acercan al sacrificio?
¿A qué verde altar, oh misterioso sacerdote,
llevas esa vaquilla que muge al cielo,
con sus sedosos flancos con guirnaldas adornados?
¿Qué pueblecillo junto al río o la costa marina,
o construido en la montaña, con pacífica ciudadela,
se ha quedado vacío de su gente, esta piadosa mañana?

And, little town, thy streets for evermore
Will silent be; and not a soul to tell
Why thou art desolate, can e'er return.

V

O Attic shape! Fair attitude! with brede
Of marble men and maidens overwrought,
With forest branches and the trodden weed;
Thou, silent form! dost tease us out of thought
As doth eternity: Cold Pastoral!
When old age shall this generation waste,
Thou shalt remain, in midst of other woe
Than ours, a friend to man, to whom thou say'st,
'Beauty is truth, truth beauty,' — that is all
Ye know on earth, and all ye need to know.

Y, pueblecillo, tus calles para siempre
estarán en silencio y ni alma que diga
por qué estás desierto, podrá regresar nunca.

V

¡Oh forma ática! ¡Bella actitud! Con guirnaldas
de marmóreos hombres y doncellas muy bien tallados,
con ramas de bosques y la hierba hollada;
tú, forma callada, nos tientas el pensamiento
de igual forma que la eternidad: ¡fría égloga!
Cuando la vejez desgaste esta generación,
tú seguirás en medio de otro dolor,
que no el nuestro, amiga del hombre, a quien dices:
«la belleza es la verdad, la verdad belleza»; esto es todo
lo que sabes de la tierra, y todo lo que saber necesitas.

(Mayo de 1819)

ODE ON MELANCHOLY

I

No, No, go not to Lethe, neither twist
Wolf's-bane, tight-rooted, for its poisonous wine;
Nor suffer thy pale forehead to be kiss'd
By nightshade, ruby grape of Proserpine;
Make not your rosary of yew-berries,
Nor let the beetle nor the death-moth be
Your mournful Psyche, nor the downy owl
A partner in your sorrow's mysteries;
For shade to shade will come too drowsily,
And drown the wakeful anguish of the soul.

II

But when the melancholy fit shall fall
Sudden from heaven like a weeping cloud,
That fosters the droop-headed flowers all,
And hides the green hill in an April shroud;
Then glut thy sorrow on a morning rose,
Or on the rainbow of the salt sand-wave,
Or on the wealth of globed peonies;

A LA MELANCOLÍA

I

No, no vayas al Leteo ni retuerzas
el acónito de raíces apretadas, buscando su venenoso vino,
ni sufra tu pálida frente el beso
de la sombra nocturna, uva rubí de Proserpina;
ni hagas tu rosario con bayas de tejo
ni dejes que el escarabajo, ni que la nocturna mariposa
  de la muerte
sea tu doliente Psique, ni el plumoso búho
compañero de los misterios de tu dolor;
pues la sombra a la sombra vendrá muy soñolienta,
ahogando la despierta angustia del alma.

II

Pero cuando el ataque de melancolía caiga
de súbito desde el cielo como una nube lloriqueante,
que nutre a las flores de inclinadas corolas,
y esconde la verde colina en su sudario abrileño;
entonces sacia tu dolor en una rosa mañanera,
o en el arcoiris de la ola salada y arenosa,
o en la riqueza de las peonías esféricas;

Or if thy mistress some rich anger shows,
Emprison her soft hand, and let her rave,
And feed deep, deep upon her peerless eyes.

III

She dwells with Beauty — Beauty that must die;
And joy, whose hand is ever at his lips
Bidding adieu; and aching Pleasure nigh,
Turning to Poison while the bee-mouth sips:
Ay, in the very temple of Delight
Veil'd Melancholy has her sovran shrine,
Though seen of none save him whose strenuous tongue
Can burst joy's grape against his palate fine:
His soul shall taste the sadness of her might,
And be among her cloudy trophies hung.

o si tu amada revela su rico enojo,
cógele la suave mano y déjala que se enfurezca
y nútrete, profundamente, profundamente en sus ojos
incomparables.

III

Ella vive con la belleza, belleza que tiene que morir;
y con el júbilo, cuya mano siempre tiene en los labios
diciendo adiós y cercanos del punzante placer,
que veneno se vuelve mientras liba la boca de abeja:
ay, en el mismo templo del deleite,
la velada melancolía tiene su santuario solemne,
aunque nadie lo haya visto, salvo aquel cuya lengua ardiente
haga estallar la uva del júbilo contra su frío paladar:
su alma saboreará la tristeza de su poder,
y colgado quedará entre sus nublados trofeos.

(Mayo de 1819)

TO AUTUMN

I

Season of mists and mellow fruitfulness!
Close bosom-friend of the maturing sun;
Conspiring with him how to load and bless
With fruit the vines that round the thatch-eves run;
To bend with apples the moss'd cottage-trees,
And fill all fruit with ripeness to the core;
To swell the gourd, and plump the hazel shells
With a sweet kernel; to set budding more,
And still more, later flowers for the bees,
Until they think warm days will never cease,
For Summer has o'er-brimm'd their clammy cells.

II

Who hath not seen thee oft amid thy store?
Sometimes whoever seeks abroad may find
Thee sitting careless on a granary floor,
Thy hair soft-lifted by the winnowing wind;

OTOÑO

I

Estación de nieblas y sazonada abundancia,
íntima amiga del sol madurador;
que con él conspiras para cargar y bendecir
con frutos las vides que rodean los aleros;
para doblar con manzanas los árboles musgosos de la
cabaña;
llenando todos los frutos de madurez hasta el corazón;
que hinchas las calabazas y engordas las cáscaras de las
avellanas
con dulce grano, haciendo que más florezcan,
y aún más, tardías flores para las abejas,
hasta que crean que los cálidos días nunca acabarán,
pues el verano ha desbordado sus celdas pegajosas.

II

¿Quién no te ha visto a menudo en medio de tu abundancia?
A veces, quien busca fuera de casa, puede encontrarte
sentado descuidadamente en el piso de un granero,
con el pelo suavemente levantado por el viento esparcidor,

Or on a half-reap'd furrow sound asleep,
Drowsed with the fumes of poppies, while thy hook
Spares the next swath and all its twined flowers:
And sometime like a gleaner thou dost keep
Steady thy laden head across a brook;
Or by a cyder-press, with patient look,
Thou watchest the last oozings hours by hours.

III

Where are the songs of Spring? Ay, where are they?
Think not of them, thou hast thy music too,
While barred clouds bloom the soft-dying day,
And touch the stubble-plains with rosy hue;
Then in a wailful choir the small gnats mourn
Among the river sallows, borne aloft
Or sinking as the light wind lives or dies;
And full-grown lambs loud bleat from hilly bourn;
Hedge-crickets sing; and now with treble soft
The red-breast whistles from a garden-croft;
And gathering swallows twitter in the skies.

o en un surco medio cosechado durmiendo a pierna suelta,
embriagado por el vaho de las amapolas, mientras tu hoz
evita las próximas espigas, y todas las flores entretejidas,
y a veces como un espigador mantienes
firme la cabeza cargada sobre un arroyo;
o junto a una cidrería, con mirada paciente,
vigilando las últimas fermentaciones, horas tras horas.

III

¿Dónde están las canciones de primavera? Ay, ¿dónde están?
No pienses en ellas, tú también tienes música:
mientras nubes listadas florecen en el día que muere
 suavemente,
y colorean las praderas de rastrojos con matiz rosáceo,
entonces en un coro gimiente se lamentan los pequeños
 cínifes
entre los sauces del río, manteniéndose a flote
o hundiéndose, mientras el vientecillo vive o muere;
y crecidas ovejas balan desde los bordes de las colinas;
cantan los grillos del seto; y ya con suave trino
el petirrojo silba desde un jardín vallado,
mientras en el cielo pían bandadas de golondrinas.

(Septiembre de 1819)

III

ENDIMION

BOOK I

HIMNO A PAN

«O thou, whose mighty palace roof doth hang
From jagged trunks, and overshadoweth
Eternal whispers, glooms, the birth, life, death
Of unseen flowers in heavy peacefulness;
Who lov'st to see the hamadryads dress
Their ruffled locks where meeting hazels darken;
And through whole solemn hours dost sit, and hearken
The dreary melody of bedded reeds—
In desolate places, where dank moisture breeds
The pipy hemlock to strange overgrowth,
Bethinking thee, how melancholy loth
Thou wast to lose fair Syrinx—do thou now,
By thy love's milky brow!
By all the trembling mazes that she ran,
Hear us, great Pan!

«O thou, for whose soul-soothing quiet, turtles
Passion their voices cooingly 'mong myrtles,
What time thou wanderest at eventide
Through suuny meadows, that outskirt the side
Of thine enmossèd. realms: O thou, to whom
Broad-leaveèd fig-trees even now foredoom

DEL LIBRO I

HIMNO A PAN

Oh tú, el tejado de tu gran palacio se sostiene
en hendidos troncos y ensombrece
eternos susurros, penumbras, nacimiento, vida, muerte
de flores inadvertidas con pesada tranquilidad;
a ti que te encanta ver el vestido de las hamadríades,
sus rizos descompuestos donde se encuentran y oscurecen
los avellanos; en donde solemnes horas enteras te sientas
a escuchar la triste melodía de los juncos
en sitios desolados, donde la oscura humedad nutre
la extraña exuberancia de la cicuta tubular,
y piensas cuán melancólicamente reacio
fuiste a perder a la hermosa Siringa,
ahora, en nombre de la blanca frente de tu amor,
en nombre de todos los temblorosos laberintos
que recorrió, escúchanos, ¡oh, Pan!

Oh tú, para cuya tranquilidad aliviadora del alma,
las tórtolas ardientemente arrullan sus voces entre los mirtos,
que vagas a la hora del anochecer,
atravesando soleados prados que quedan más allá
de tus dominios musgosos. Oh tú, para quien
las higueras de ancha hoja destinan ya

Their ripen'd fruitage; yellow-girted bees
Their golden honeycombs; our village leas
Their fairest-blossom'd beans and poppied corn;
The chuckling linnet its five young unborn,
To sing for thee; low-creeping strawberries
Their summer coolness; pent-up butterflies
Their freckled wings; yea, the fresh-budding year
All its completions—be quickly near,
By every wind that nods the mountain pine,
O forester divine!

«Thou, to whom every faund and satyr flies
For willing service; whether to surprise
The squatted hare while in half-sleeping fit;
Or upward ragged precipices flit
To save poor lambkins from the eagle's maw;
Or by mysterious enticement draw
Bewilder'd shepherds to their path again;
Or to tread breathless round the frothy main,
And gather up all fancifullest shells
For thee to tumble into Naiads' cells,
And, being hidden, laugh at their out-peeping;
Or to delight thee with fantastic leaping,
The while they pelt each other on the crown
With silvery oak-apples, and fir-cones brown—
By all the echoes that about thee ring,
Hear us, O satyr king!

«O Hearkener to the loud-clapping shears,
While ever and anon to his shorn peers

sus maduros frutos, y las abejas investidas de amarillo
sus dorados panales, los prados de nuestra aldea
sus habas mejor florecidas y el grano estallante,
el gorjeador pardillo sus cinco crías por nacer
para que te canten, las fresas que bajo se arrastran
su frescura estival, las mariposas en crisálida
sus alas moteadas, sí, y el año de nuevos brotes
todas sus perfecciones: acércate con premura,
en nombre de todos los vientos que inclinan los pinos
de la montaña, ¡oh divino habitante del bosque!

Tú, por quien todos los faunos y sátiros vuelan
deseosos de servirte, ya para sorprender
a la liebre acurrucada y medio dormida,
o saltando precipicios escarpados para salvar
a los pobres corderos de las fauces del águila,
o gracias a misterioso hechizo devolver
a los pastores desorientados de nuevo a sus sendas;
u hollando jadeantes el espumoso mar,
reuniendo todas las conchas más fantásticas,
para que tú las arrojes a las celdas de las náyades,
y escondido burlarte de sus miradas a hurtadillas.
o para deleitarte con saltos fantásticos,
mientras se apedrean las coronas
con bellotas plateadas y pardas piñas;
en nombre de todos los ecos que suenan junto a ti,
escúchanos, ¡rey de los sátiros!

Oh tú, que escuchas el fuerte golpe de las tijeras,
mientras de vez en cuando hacia sus esquilados compañeros

A ram goes bleating: Winder of the horn,
When snouted wild-boars routing tender corn
Anger our huntsmen: Breather round our farms,
To keep off mildews, and all weather harms:
Strange ministrant of undescribed sounds,
That come a-swooning over hollow grounds,
And wither drearily on barren moors:
Dread opener of the mysterious doors
Leading to universal knowledge—see,
Great son of Dryope,
The many that are come top ya their vows
With leaves about their brows!

«Be still the unimaginable lodge
For solitary thinkings; such as dodge
Conception to the very bourne of heaven,
Then leave the naked brain: be still the leaven
That spreading in this dull and clodded earth,
Gives it a touch ethereal—a new birth:
Be still a symbol of immensity;
A firmament reflected in a sea;
An element filling the space between;
An unknown—but no more: we humbly screen
With pulling hands our foreheads, lowly bending,
And giving out a shout most heaven-rending,
Conjure thee to receive our humble paean,
Upon thy Mount Lycean!».

vuelve un carnero balando; tocador del cuerno
cuando los jabalíes salvajes al atropellar al tierno grano
encolerizan a nuestros capadores, tú que respiras cerca
de nuestras granjas para disipar el moho y todos los
males del tiempo;
extraño ministrante de sonidos indescriptibles,
que caen sobre los terrenos hundidos
y se marchitan tristemente en páramos baldíos;
terrible conserje de las puertas misteriosas
que conducen al conocimiento universal, mira
gran hijo de Dríope
cuántos se acercan a cumplir sus promesas,
¡con la frente de hojas adornadas!

Sé aún el refugio inimaginable
del pensar solitario, como los que regatean
una idea hasta el mismo límite del cielo
y luego dejan desnuda la mente; sé aún el fermento
que extendiéndose sobre esta gris y apretada tierra,
con un golpecito etéreo, le da nueva vida;
sé aún símbolo de la inmensidad,
firmamento que se refleja en el mar,
elemento que colmas el espacio entre ambos,
desconocido, ¡pero nada más! Humildemente cubrimos
con las manos elevadas, nuestras frentes, y nos humillamos
soltando un grito que rasga el cielo;
¡te conjuramos a que recibas nuestra modesta alabanza
en la cima de tu monte Liceo!

(Abril-noviembre de 1817)

BOOK IV

CANCIÓN DE LA DONCELLA INDIA

«O Sorrow!
Why dost borrow
The natural hue of health, from vermeil lips?—
To give maiden blushes
To the white rose bushes?
Or is it thy dewy hand the daisy tips?

«O Sorrow!
Why dost borrow
The lustrous passion from a falcon-eye?—
To give the glow-worm light?
Or, on a moonless night,
To tinge, on syren shores, the salt sea-spry?

«O Sorrow!
Why dost borrow
The mellow ditties from a mourning tongue?—
To give at evening pale
Unto the nightingale,
That thou mayst listen the cold dews among?

DEL LIBRO IV

CANCIÓN DE LA DONCELLA INDIA

Oh tristeza,
¿por qué tomas los labios bermejos,
el matiz natural de la salud?
¿Para darle sonrojos de doncella
a los arbustos de blancas rosas?
¿O es tu mano de rocío que inclina las margaritas?

Oh tristeza,
¿por qué tomas del ojo del halcón,
su pasión lustrosa?
¿Para darle luz a la luciérnaga
o en noche sin luna,
teñir la salada espuma del mar sobre costas de sirena?

Oh tristeza,
¿por qué tomas
las tiernas cantilenas
de una lengua doliente?
¿Para en la noche pálida
dárselas al ruiseñor,
y así lo oigas entre los fríos rocíos?

«O Sorrow!
Why dost borrow
Heart's lightness from the merriment of May?
A lover would not tread
A cowslip on the head,
Though he should dance from eve till peep of day—
Nor any drooping flower
Held sacred for thy bower,
Wherever he may sport himself and play.

«To Sorrow
I bade good morrow,
And thought to leave her far away behind;
But cheerly, cheerly,
She loves me dearly;
She is so constant to me, and so kind:
I would deceive her,
And so leave her,
But ah! she is so constant and so kind.

«Beneath my palm-trees, by the river side,
I sat a-weeping: in the whole world wide
There was no one to ask me why I wept—
And so I kept
Brimming the water-lily cups with tears
Cold as my fears.

«Beneath my palm-trees, by the river side,
I sat a-weeping: what enamour'd bride,
Cheated by shadowy wooer from the clouds,

Oh tristeza,
¿por qué tomas la ligereza del corazón
de la alegría de mayo?
Un amante no hollaría
la corola de una vellorita, aunque bailase
desde la noche hasta el despuntar del día,
ni ninguna flor cabizbaja
creería consagrada por tu enramada,
por donde quiera que él se luciese y jugase.

A la tristeza
le dije buenos días,
y creí dejarla muy lejos detrás.
Pero alegremente, alegremente,
ella me ama muchísimo,
y es muy constante y muy gentil.
La engañaría
y así la abandonaría,
pero, ay, ¡es muy constante y muy gentil!

Debajo de las palmeras, junto al río,
me senté llorando. De todo el ancho mundo
no hubo nadie que me preguntase
por qué lloraba y así seguí,
desbordando la copa de los nenúfares,
con lágrimas frías como mis temores.

Debajo de las palmeras, junto al río,
me senté llorando. ¿Qué novia enamorada,
engañada por galanteador en la sombra desde las nubes,

But hides and shrouds
Beneath dark palm-trees by a river side?

«And as I sat, over the light blue hills
There came a noise of revellers: the as
Into the wide stream came of purple hue—
'Twas Bacchus and his crew!
The earnest trumpet spake, and silver thrills
From kissing cymbals made a merry din—
'Twas Bacchus and his kin!
Like to a moving vintage down they came,
Crown'd with green leaves, and faces all on flame;
All madly dancing through the pleasant valley,
To scare thee, Melancholy!
O then, O then, thous wast a simple name!
And I forgot thee, as the berried holly
By shepherds is forgotten, when, in June,
Tall chestnuts keep away the sun and moon:—
I rush'd into the folly!

«Within his car, aloft, young Bacchus stood,
Trifling his ivy-dart, in dancing mood,
With sidelong laughing;
And little rills of crimson wine imbrued
His plump white arms, and shoulders, enough white,
For Venus' pearly bite;

no se esconde y oculta
detrás de las oscuras palmeras, junto al río?

Y mientras sentada estaba, por las colinas azules y
ligeras
llegó un sonido de algarabía. Los arroyuelos
a la gran corriente llegaban con matiz púrpura:
¡Eran Baco y su séquito! La ardiente trompeta
hablaba, y argentinas vibraciones de los címbalos
al besarse, hacían un alegre tintineo:
¡Eran Baco y su linaje!
Como una andante
vendimia bajaban,
coronados de hojas verdes
y los rostros encendidos:
¡todos locamente bailaban
a través del agradable valle,
para asustarte, melancolía!
¡Oh entonces, oh entonces eras un nombre sencillo!
Y te olvidé, como el acebo lleno de bayas
olvidan los pastores, cuando en junio,
los altos castaños lejos mantienen al sol
y a la luna, ¡y corrí hacia aquella locura!

En su carro, de pie estaba el joven Baco,
jugueteando con su bardo de hiedra, con ánimo
danzante y largas carcajadas, y arroyuelos de vino
carmesí teñían sus regordetas y blancas
manos y hombros, bastante blancos para la mordida
de perla de Venus; y cerca de él cabalgaba

And near him rode Silenus on his ass,
Pelted with flowers as he on did pass
Tipsily quaffing.

«Whence came ye, merry Damsels! whence came ye,
So many, and so many, and such glee?
Why have ye left your bowers desolate,
Your lutes, and gentler fate?
«We follow Bacchus! Bacchus on the wing,
A-conquering!
Bacchus, young Bacchus! good or ill betide,
We dance before him thorough kingdoms wide:—
Come hither, lady fair, and joined be
To our wild minstrelsy!»

«Whence came ye, jolly Satyrs! whence came ye,
So many, and so many, and such glee?
Why have ye left your forest haunts, why left
Your nuts in oak-tree cleft?—
«For wine, for wine we left our Kernel tree;
For wine we left our heath, and yellow brooms,
And cold mushrooms;
For wine we follow Bacchus through the earth;
Great god of breathless cups and chirping mirth!
Come hither, lady fair, and joinèd be
To our mad minstrelsy!»

«Over wide streams and mountains great we went,
And, save when Bacchus kept his ivy tent,
Onward the tiger and the leopard pants,

Sileno en su asno, cubierto de flores
que a su paso le echaban,
y tambaleándose bebido.

¿De dónde venís, alegres damiselas, de dónde venís?
¿Tantas sois, tantas y con tanto regocijo?
¿Por qué habéis dejado vuestras enramadas desoladas,
vuestros laúdes y vuestro más gentil destino?
Seguimos a Baco,
conquistando de un lado a otro,
¡Baco, joven Baco! Para bien o para mal,
ante él danzamos atravesando anchos reinos,
acércate hermosa dama y forma parte
de nuestra loca algarabía!

¿De dónde venís, alegres sátiros, de dónde venís?
¿Tantos sois, tantos y con tanto regocijo?
¿Por qué habéis dejado vuestras moradas boscosas,
por qué dejasteis vuestras nueces en la rendija del roble?
Por el vino, por el vino abandonamos el árbol de almendras,
por el vino dejamos nuestros brezales y las amarillas
plantas,
por el vino seguimos a Baco por la tierra:
gran dios de las inacabables copas y de la animada
alegría ¡Acércate hermosa dama y forma parte
de nuestra loca algarabía!

Anchas corrientes y grandes montañas cruzamos,
y salvo cuando Baco se quedaba en su tienda de hiedra,
seguíamos el resoplido del tigre y el leopardo

With Asian elephants:
Onward these myriads—with song and dance,
With zebras striped, and sleek Arabians' prance,
Web-footed alligators, crocodiles,
Bearing upon their scaly backs, in files,
Plump infant laughers mimicking the coil
Of seamen, and stout galley-rowers'toil:
With toying oars and silken sails they glide,
Nor care for wind and tide.
«Mounted on panthers' furs and lions' manes,
From rear to van they scour about the plains;
A three days' journey in a moment done;
And always, at the rising of the sun,
About the wilds they hunt with spear and horn,
On spleenful unicorn.

«I saw Osirian Egypt kneel adown
Before the vine-wreath crown!
I saw parch'd Abyssinia rouse and sing
To the silver cymbals' ring!
I saw the whelming vintage hotly pierce
Old Tartary the fierce!
The kings of Ind their jewel-sceptres vail,
And from their treasures scatter pearlèd hail;
Great Brahma from his mystic heaven groans,
And all his priesthood moans;
Before young Bacchus' eye-wink turning pale.
Into these regions came I, following him,
Sick-hearted, weary—so I took a whim
To stray away into these forests drear,

con elefantes asiáticos. Adelante estas miríadas,
con canciones y bailes, y cebras listadas y lustrosos
trenzados árabes de sus crines, y caimanes de patas
membranosas, cocodrilos que soportaban en los lomos
escamosos, filas de sonrisas infantiles y rollizas
que imitaban los tumultos de los marineros,
y el trabajo de los recios remeros de las galeras;
con remos de juguete y velas de seda se deslizaban,
sin preocuparse ni de las mareas ni de los vientos.
Montados sobre pieles de panteras y melenas de leones,
de un lado a otro atravesaban las llanuras,
en un instante haciendo el viaje de tres días.
Y siempre, al salir el sol, por los desiertos
cazaban con lanza y cuerno,
tras el colérico unicornio.

¡Vi el Egipto osirio humillarse ante
la corona de pámpanos trenzados!
¡Vi la agostada Abisinia levantarse y cantar
con el sonido de los címbalos de plata!
¡Vi a la vendimia subyugante atravesar
ardientemente a la vieja y fiera Tartaria!
Los reyes de la India bajar sus cetros enjoyados
y de sus tesoros esparcir saludos perlados.
El gran Brahma desde su cielo místico gemir
y a todos sus sacerdotes quejarse,
palideciendo ante el guiño del joven Baco.
A estas regiones llegué siguiéndole;
con el corazón dolido y muy afligida por capricho
decidí perderme en estos bosques terribles,

Alone, without a peer:
And I have told thee all thou mayest hear.

«Young stranger!
I've been a ranger
In search of pleasure throughout every clime:
Alas, 'tis not for me!
Bewitch'd I sure must be,
To lose in grieving all my maiden prime.

«Come then, Sorrow,
Sweetest Sorrow!
Like an own babe I nurse thee on my breast:
I thought to leave thee,
And deceive thee,
But now of all the world I love thee best.

«There is not one,
No, no, not one,
But thee to comfort a poor lonely maid;
Thou art her mother,
And her brother,
Her playmate, and her wooer in the shade.»

sola y sin compañero.
Todo lo que puedas saber te he contado.

¡Joven forastero!
He sido guardián
el placer he buscado errante por todas partes,
pero, ay, ¡no es para mí!
Sin duda, estoy hechizada,
pues en el dolor pierdo toda mi virginal primavera.

Ven entonces tristeza,
o tristeza, la más dulce,
como mi propia hija te acuno en el pecho,
creí abandonarte
y engañarte,
pero ahora de todo el mundo eres tú a quien más amo.

No hay nadie, no,
no, nadie,
sino tú que consuele a esta pobre doncella solitaria.
Tú eres su madre
y su hermano,
su compañero de juegos, y su galanteador en la sombra.

(Abril-noviembre de 1817)

IV

HIPERION

BOOK I

Deep in the shady sadness of a vale
Far sunken from the healthy breath of morn,
Far from the fiery noon, and eve's one star,
Sat grey-hair'd Saturn, quiet as a stone,
Still as the silence round about his lair;
Forest on forest hung about his head
Like cloud on cloud. No stir of air was there,
Not so much life as on a summer's day
Robs not one light seed from the feather'd grass,
But where the dead leaf fell, there did it rest.
A stream went voiceless by, still deadened more
By reason of his fallen divinity,
Spreading a shade: the Naiad'mid her reeds
Press'd her cold finger closer to her lips.

Along the margin-sand large foot-marks went,
No further than to where his feet had stray'd,
And slept there since. Upon the sodden ground
His old right hand lay nerveless, listless, dead,
Unsceptred; and his realmless eyes were closed;
While his bow'd head seem'd list'ning to the Earth,
His ancient mother, for some comfort yet.

COMIENZO DEL LIBRO I

En la honda tristeza sombría de una cañada,
muy lejos del saludable aliento de la mañana,
lejos del encendido mediodía y de la única estrella del
ocaso,
estaba sentado el canoso Saturno, inmóvil como una piedra,
inmóvil como el silencio que rodeaba su yacija;
bosque y bosque colgaban sobre su cabeza,
como nube y nube. Ni murmullo del aire se escorchaba,
ni tanta vida como en un día estival,
que no robase ni una ligera semilla de la hierba emplumada,
sino que donde la hoja seca caía, allí se quedaba.
Un arroyo corría callado, aún más callado
por culpa de su divinidad caída,
extendiendo una sombra: la náyade entre los juncos
oprimió un dedo helado contra sus labios.

Junto a la arena de la orilla había grandes pisadas
que no iban más lejos de donde habían vagado sus pies;
y desde entonces allí dormían. Sobre el suelo mojado
descansaba su vieja mano derecha, sin nervio, distraída,
muerta,
sin cetro y sus ojos sin reino estaban cerrados,
mientras la cabeza inclinada parecía escuchar a la tierra:
su antigua madre, aún buscando un consuelo.

It seem'd no force could wake him from his place;
But there came one, who with a kindred hand
Touch'd his wide shoulders, after bending low
With reverence, though to one who knew it not.
She was a Goddess of the infant world;
By her in stature the tall Amazon
Had stood a pigmy's height: she would have ta'en
Achilles by the hair and bent his neck;
Or with a finger stay'd Ixion's wheel.
Her face was large as that of Memphian sphinx,
Pedestal'd haply in a palace-court,
When sages look'd to Egypt for their lore.
But oh! how unlike marble was that face:
How beautiful, if sorrow had not made
Sorrow more beautiful than Beatuy's self.
There was a listening fear in her regard,
As if calamity had but begun;
As if the vanward clouds of evil days
Had spent their malice, and the sullen rear
Was with its stored thunder labouring up.
One hand she press'd upon that aching spot
Where beats the human heart, as if just there,
Though an immortal, she felt cruel pain:
The other upon Saturn's bended neck
She laid, and to the level of his ear
Leaning with parted lips, some words she spake
In solemn tenour and deep organ tone:
Some mourning words, which in our feeble tongue
Would come in these like accents; O how frail

Parecía que ninguna fuerza le despertaría de su sitio;
pero llegó una que con mano fraterna
le tocó los anchos hombros, tras inclinarse
con reverencia, aunque ella no supiese lo que era reverencia.
Era una diosa del mundo primigenio;
junto a ella, por la estatura, la alta amazona
tendría la talla de un pigmeo; habría tomado
a Aquiles por el pelo y le hubiera doblado el cuello;
o con un dedo habría detenido la rueda de Ixión.
Su rostro era inmenso como el de la esfinge de Menfis,
quizá colocada en un pedestal en el jardín de un palacio,
cuando los sabios miraban hacia Egipto en busca de
sabiduría.
Pero, oh, ¡que diferente al mármol era aquel rostro!
Qué hermoso sería si la tristeza no hubiera hecho
que la tristeza fuese más hermosa que la misma belleza.
En su mirada había un temor audible,
como si hubieran empezado las calamidades;
como si las primeras nubes de los días aciagos
hubieran acabado con su malicia, y las hoscas nubes
postreras con el guardado trueno maquinasen.
Una mano oprimió sobre aquel sitio dolorido
donde late el corazón humano, como si fuese allí,
aunque inmortal, donde sintiese cruel dolor.
La otra posó sobre el cuello doblado de Saturno
y a la altura de su oído inclinándose
con los labios abiertos, unas palabras pronunció
de solemne naturaleza y con profundo sonido de órgano:
unas palabras dolientes, que en nuestra débil lengua
sonarían con estos acentos parecidos ¡oh qué frágiles

To that large utterance of the early Gods!
«Saturn, look up!—though wherefore, poor old King?
I have no comfort for theey no not one:
I cannot say, "O wherefore sleepest thou?"
For heaven is parted from thee, and the earth
Knows thee not, thus afflicted, for a God;
And ocean too, with all its solemn noise,
Has from thy sceptre pass'd; and all the air
Is emptied of dune hoary majesty.
Thy thunder, conscious of the new command,
Rumbles reluctant o'er our fallen house;
And thy sharp lightning in unpractised hands
Scorches and burns our once serene domain.
O aching time! O moments big as years!
All as ye pass swell out the monstrous truth,
And press it so upon our weary' grief s
That unbelief has not a space to breathe.
Saturn, sleep on:—O thoughtless, why did I
Thus violate thy slumbrous solitude?
Why should I ope thy melancholy eyes?
Saturn, sleep on! while at thy feet I weep.»

As when, upon a tranced summer-night,
Those green-robed senators of nighty woods,
Tall oaks, branch-charmed by the earnest stars,
Dream, and so dream all night without a stir,
Save from one gradual solitary gust
Which comes upon the silence, and dies off,
As if the ebbing air had but one wave:

ante la gran expresión de los primeros dioses!
—Saturno, ¡alza la vista! Aunque, ¿a dónde, pobre rey
anciano? No tengo consuelo para ti, no, ninguno:
no puedo decirte: «¿dónde has dormido?»
Pues el cielo se ha apartado de ti y la tierra
no te reconoce, de tan afligido, como dios;
ni el océano tampoco, con todo su clamor solemne,
no ha reconocido tu cetro, y todo el aire
está vacío de tu majestad venerable.
Tu trueno, consciente del nuevo orden,
reacio retumba sobre nuestra caída casa;
y tu agudo relámpago en manos inexpertas,
abrasa y quema nuestro dominio, antes sereno.
¡Oh tiempo punzante! ¡Oh instantes tan largos como años!
Todo a tu paso hace crecer la verdad mostruosa,
y así nos oprime nuestros abrumadores pesares,
que la incredulidad para alentar espacio no tiene.
¡Saturno, duerme! Oh, incauta, ¿por qué así
violo tu soledad soñolienta?
¿Por qué abrir tus ojos melancólicos?
¡Saturno duerme, mientras a tus pies lloro!

Como cuando en una noche de verano extasiada,
esos senadores de verdes túnicas de los poderosos bosques,
altos robles, de ramas hechizadas por las ansiosas
    estrellas, sueñan
y así sueñan toda la noche sin moverse,
salvo alguna ráfaga gradual y solitaria
que llega sobre el silencio, y se desvanece,
como si el ondulante aire no tuviera sino una onda:

So came these words and went; the while in tears
She touch'd her fair large forehead to the ground,
Just where her falling hair might be outspread
A soft and silken mat for Saturn's feet.
One moon, with alteration slow, had shed
Her silver seasons four upon the night,
And still these two were postured motionless,
Like natural sculpture in cathedral cavern;
The frozen God still couchant on the earth,
And the sad Goddess weeping at his feet.

así surgieron y se fueron las palabras; mientras en
lágrimas,
inclinaba la diosa su gran frente hermosa hasta la tierra,
allí donde su pelo caído extendiera
una suave y sedosa alfombra para los pies de Saturno.
Una luna, con lentos cambios, arrojó
sus cuatro estaciones plateadas sobre la noche,
y aún los dos seguían en sus posturas inmóviles,
como la escultura natural de una caverna catedralicia;
el helado dios aún echado en la tierra,
y la triste diosa a sus pies llorando.

(Otoño de 1818-abril de 1819)

V

POEMAS DIVERSOS

STANZAS [IN DREAR-NIGHTED DECEMBER]

I

In drear-nighted December,
Too happy, happy tree,
Thy branches ne'er remember
Their green felicity:
The north cannot undo them,
With a sleety whistle through them;
Nor frozen thawings glue them
From budding at the prime.

II

In drear-nighted December,
Too happy, happy brook,
Thy bubblings ne'er remember
Apollo's summer look;
But with a sweet forgetting,
They stay their crystal fretting,
Never, never petting
About the frozen time.

EN EL OSCURO Y TEMIBLE DICIEMBRE

I

En el oscuro y temible diciembre,
alegre árbol, árbol demasiado alegre,
tus ramas nunca se acuerdan
de su verde felicidad.
El norte no puede deshacerlas
con un silbido cellisqueante,
ni pegarlas los helados deshielos
para que no florezcan en primavera.

II

En el oscuro y temible diciembre,
alegre arroyo, arroyo demasiado alegre,
tus burbujas nunca se acuerdan
del aspecto estival de Apolo;
pero con un dulce olvido,
siguen sus cristales agitando,
sin quejarse nunca,
nunca del tiempo helado.

III

Ah! would 'twere so with many
A gentle girl and boy!
But were there ever any
Writhed not at passed joy?
To know the change and feel it,
When there is none to heal it,
Nor numbed sense to steel it,
Was never said in rhyme.

III

¡Ah! ¡Si así fuera con muchos
muchachos y muchachas gentiles!
Pero, ¿alguien ha habido alguna vez
que no se quejase por la huida alegría?
La sensación de no sentirla
cuando no hay nada que la cure,
ni sentido adormecido que la fortalezca,
nunca ha sido contada en poesía.

(Diciembre de 1817)

LINES ON THE MERMAID TAVERN

Souls of poets dead and gone,
What Elysium have ye known,
Happy field or mossy cavern,
Choicer than the Mermaid Tavern?
Have ye tippled drink more fine
Than mine host's Canary wine?
Or are fruits of Paradise
Sweeter than those dainty pies
Of venison? O generous food!
Drest as though bold Robin Hood
Would, with his maid Marian,
Sup and bowse from horn and can.

I have heard that on a day
Mine host's sign-board flew away,
Nobody knew whither, till
An astrologer's old quill

VERSOS ESCRITOS PARA LA TABERNA DE LA SIRENA[8]

Almas de muertos poetas ya idos,
¿qué Elíseos habéis conocido,
feliz campo o musgosa caverna,
mejor que la Taberna de la Sirena?
¿Habéis probado bebida más fina
que el vino canario de mi anfitrión?
¿O hay frutos del paraíso más dulces
que esos delicados pasteles
de venado? Oh, alimento generoso,
aderezado como si el osado Robin Hood
quisiera con su doncella Marian,
cenar y beber del cuerno y la cazuela.

Mc han dicho que un día
el anuncio de mi anfitrión lejos voló,
nadie sabe hacia dónde, hasta
que la antigua pluma de un astrólogo

---

[8] Existe la tradición en Londres de que Beaumont, Fletcher y otros dramaturgos isabelinos, solían reunirse en la Taberna de la Sirena, en la calle de Cheapside. Keats, tras pasar una noche en dicho lugar, escribió el presente poema. (*Nota del traductor*).

To a sheepskin gave the story,
Said he saw you in your glory,
Underneath a new old sign
Sipping beverage divine,
And pledging with contented smack
The Mermaid in the Zodiac.

Souls of poets dead and gone,
What Elysium have ye known,
Happy field or mossy cavern,
Choicer than the Mermaid Tavern?

a un pergamino dio la historia,
y dijo que os vio en la gloria,
bajo un nuevo anuncio antiguo,
bebiendo divina bebida,
y brindando con contento chasquido
por la Sirena en el zodiaco.

Almas de muertos poetas ya idos,
¿qué Elíseos habéis conocido,
feliz campo o musgosa caverna,
mejor que la Taberna de la Sirena?

(Febrero de 1818)

DAWLISH FAIR

Over the hill and over the dale,
And over the bourn to Dawlish—
Where gingerbread wives have a scanty sale
And gingerbread nuts are smallish.

Rantipole Betty she ran down a hill
And kicked up her petticoats fairly;
Says I I'll be Jack if you will be Gill—
So she sat on the grass debonairly.

Here's somebody coming, here's somebody coming!
Says I 'tis the wind at a parley;
So without any fuss any hawing and humming
She lay on the grass debonairly.

Here's somebody here and here's somebody there!
Says I hold your tongue you young Gipsey;
So she held her tongue and lay plump and fair
And dead as a Venus tipsy.

O who wouldn't hie to Dawlish fair,
O who wouldn't stop in a Meadow,
O who would not rumple the daisies there
And make the wild fern for a bed do!

LA FERIA DE DAWLISH

Más allá de la colina y de la cañada,
y más allá del arroyo de Dawlish,
donde las vendedoras de bollos de jenjibre
poco venden y sus dulces son pequeñísimos.

La disoluta Betty corría colina abajo,
levantando bastante sus enaguas;
yo le dije: —seré Jack si tú eres Gill.
Así que se sentó en la hierba complaciente.

—¡Alguien se acerca! ¡Alguien se acerca!
Dije yo —es el viento que conversa.
Así sin jaleo, ni vacilación ni ronroneo
ella se echó en la hierba complaciente.

—Alguien, hay alguien, alguien hay ¡allí!
Yo dije: calla la lengua, ¡gitanilla!
Así se calló y se echó regordeta y lozana
y muerta como ebria de Venus.

Oh, ¡quién no correría a la feria de Dawlish!
Oh, ¡quién no se detendría en el prado!
Oh, ¡quién no ajaría las margaritas allí
y haría de helechos salvajes una cama!

(Marzo de 1818)

FRAGMENT OF AN ODE TO MAIA

Mother of Hermes! and still youthful Maia!
May I sing to thee
As thou vast hymnèd on the shores of Baix?
Or may I woo thee
In earlier Sicilian? or thy smiles
Seek as they once were sought, in Grecian isles,
By bards who died content on pleasant sward,
Leaving great verse unto a little clan?
O, give me their old vigour, and unheard
Save of the quiet primrose, and the span
Of heaven and few ears,
Rounded by thee, my song should die away
Content as theirs,
Rich in the simple worship of a day.

FRAGMENTO DE UNA ODA A MAYA

¡Madre de Hermes! ¡Y aún juvenil Maya!
¿Puedo cantarte
como fuiste alabada en las costas de Bayae?[9]
¿O debo arrullarte
en antiguo siciliano? ¿O tus sonrisas
buscar como antes la buscaron en islas griegas,
bardos que murieron contentos sobre amable césped,
dejando la gran poesía a un pequeño clan?
Oh, dame su vigor antiguo y nunca oído,
salvo por la callada prímula y el espacio
del cielo y unos pocos oídos;
terminada por ti, mi canción se desvanecería
contenta como la de los bardos,
rica con la sencilla adoración de un día.

(Mayo de 1818)

---

[9] Bayae: antiguo nombre de la bahía de Nápoles. (*Nota del traductor*).

WHERE'S THE POET?

Where's the Poet? show him, show him,
Muses nine, that I may know him!
'Tis the man who with a man
Is an equal, be he King,
Or poorest of the beggar-clan,
Or any other wondrous thing
A man may be 'twixt ape and Plato;
'Tis the man who with a bird,
Wren or Eagle, finds his way to
All its instincts; he hath heard
The Lion's roaring, and can tell
What his horny throat expresseth,
And to him the Tiger's yell
Comes articulate and presseth
On his ear like mother-tongue.

¿DÓNDE ESTÁ EL POETA?

¿Dónde está el poeta? ¡Decidme quién es, quién es,
nuevas Musas, para que yo lo conozca!
Es el hombre que igual es a otro
hombre, sea este rey,
o el más pobre del clan de los mendigos,
o cualquier otra cosa asombrosa
que un hombre pueda ser entre Platón y simio.
Es el hombre que con un pájaro,
reyezuelo o águila, encuentra el camino
que le lleva a todos sus instintos. Ha escuchado
el rugido del león y decir puede
lo que su callosa gargante expresa,
y para él el aullido del tigre
se vuelve claro, y apremia
sus oídos como lengua vernácula.

(Octubre de 1818)

FANCY

Ever let the Fancy roam,
Pleasure never is at home:
At a touch sweet Pleasure melteth,
Like to bubbles when rain pelteth;
Then let wingèd Fancy wander
Through the thought still spread beyond her:
Open wide the mind's cage door,
She'll dart forth, and cloudward soar,
O sweet Fancy! let her loose;
Summer's joys are spoilt by use,
And the enjoying of the Spring
Fades as does its blossoming:
Autumn's red-lipp'd fruitage too,
Blushing through the mist and dew,
Cloys with tasting: What do then?
Sit thee by the ingle, when
The sear faggot blazes bright,
Spirit of a winter's night;
When the soundless earth is muffled,
And the caked snow is shuffled
From the ploughboy's heavy shoon;
When the Night doth meet the Noon
In a dark conspiracy
To banish Even from her sky.

LA FANTASÍA

Deja siempre que la fantasía vague,
el placer nunca se encuentra en casa:
con un roce el dulce placer se funde
como las burbujas cuando llueve con fuerza.
Luego deja que la alada fantasía vague
por el pensamiento que aún sigue más allá extendido:
de par en par abre la puerta de la jaula de la mente,
y ella se lanzará elevándose hacia las nubes,
¡oh dulce fantasía! Déjala suelta;
a los júbilos del verano estropea el uso,
y el gozo de la primavera
se marchita con su florecimiento;
los frutos otoñales de rojos labios, también
ruborizándose entre niebla y rocío,
hartan con su sabor. ¿Qué hacer entonces?
Siéntate junto al fuego, cuando
el seco leño arda brillante,
espíritu de la invernal noche;
cuando la callada tierra está cubierta,
y la nieve aglutinada sea arrastrada
con los pesados zapatos del chico labrador;
cuando la noche se encuentre con el mediodía
en tenebrosa conspiración
que prohíba la tarde del cielo.

Sit thee there, and send abroad,
With a mind self-overawed,
Fancy, high-commission'd:—send her!
She has vassals to attend her:
She will bring, in spite of frost,
Beauties that the earth hath lost;
She will bring thee, all together,
All delights of summer weather;
All the buds and bells of May,
From dewy sward or thorny spray;
All the heapèd Autumn's wealth,
With a still, mysterious stealth:
She will mix these pleasures up
Like three fit wines in a cup,
And thou shalt quaff it:—thou shalt hear
Distant harvest-carols clear;
Rustle of the reaped corn;
Sweet birds antheming the morn:
And, in the same moment —hark!
"Tis the early April lark,
Or the rooks, with busy caw,
Foraging for sticks and straw.
Thou shalt, at one glance, behold
The daisy and the marigold;
White-plumed lilies, and the first
Hedge-grown primrose that hath burst;
Shaded hyacinth, alway
Sapphire queen of the mid-May;
And every leaf, and every flower
Pearlèd with the self-same shower.

Siéntate allí y fuera envía del lugar,
con la mente autointimidada,
a la fantasía, con ilustre encargo ¡envíala!
Vasallos tiene que la atiendan:
a pesar de la escarcha, traerá
bellezas que la tierra ha perdido;
te traerá, todos reunidos,
los deleites del tiempo estival,
las flores y campanas de mayo,
desde el césped rociado o el rocío espinoso;
toda la amontada riqueza del otoño,
con cautela callada y misteriosa;
ella mezclará estos placeres,
como tres finos vinos en una copa
que tu beberás: escucharás
claramente los cantos de la distante cosecha;
el crujir del grano recogido;
dulces pájaros que alaban la mañana;
y al mismo tiempo; ¡escucha!
Es la alondra del temprano abril,
o los grajos, de ocupado graznido,
revolviendo a la búsqueda de ramitas y pajas.
Con una mirada contemplarás
la margarita y la caléndula;
lirios blancamente emplumados y la prímula
primera que creciendo en el seto estalle;
el jacinto a la sombra, siempre
reina de zafiros a mediados de mayo,
y todas las hojas y todas las flores
perladas con la mismísima llovizna.

Thou shalt see the field-mouse peep
Meagre from its celled sleep;
And the snake all winter-thin
Cast on sunny bank its skin!
Freckled nest eggs thou shalt see
Hatching in the hawthorn-tree,
When the hen-bird's wing doth rest
Quiet on her mossy nest;
Then the hurry and alarm
When the bee-hive casts its swarm;
Acorns ripe down-pattering
While the autumn breezes sing.

Oh, sweet Fancy! let her loose;
Every thing is spoilt by use:
Where's the cheek that doth not fade,
Too much gazed at? Where's the maid
Whose lip mature is ever new?
Where's the eye, however blue,
Doth not weary? Where's the face
One would meet in every place?
Where's the voice, however soft,
One would hear so very oft?
At a touch sweet Pleasure melteth
Like to bubbles when rain pelteth.
Let, then, winged Fancy find
Thee a mistress to thy mind:
Dulcet-eyed as Ceres' daughter,
Ere the God of Torment taught her
How to frown and how to chide;

Verás asomarse a los ratones de campo,
magros por su dormir oculto;
y a la serpiente, con su delgadez invernal,
arrojar la piel en un ribazo soleado.
Huevos manchados en los nidos verás,
empollados en el espino blanco,
cuando el ala de la pájara descansa
quieta sobre su nido musgoso,
luego la prisa y la alarma
cuando la colmena lanza su zumbido;
maduras bellotas cayendo una tras otra,
mientras cantan las brisas del otoño.

¡Oh dulce fantasía! Déjala suelta;
todo se estropea con el uso:
¿dónde se halla la mejilla que no se marchite,
cuando demasiado se la mire? ¿Dónde la doncella
cuyos maduros labios jóvenes siempre sean?
¿Dónde los ojos, a pesar de su azul,
que no se agoten? ¿Dónde el rostro
que uno encontraría siempre en todas partes?
¿Dónde la voz, a pesar de su suavidad,
que uno escucharía tan a menudo?
Con un roce el dulce placer se funde
como las burbujas cuando llueve con fuerza.
Entonces deja que la alada fantasía
te halle una amada para tu mente:
de ojos dulces como la hija de Ceres,
antes de que el dios del tormento le enseñe
cómo fruncir la frente y reñir;

With a waist and with a side
White as Hebe's, when her zone
Slipt its golden clasp, and down
Fell her kirtle to her feet,
While she held the goblet sweet,
And Jove grew languid. —Break the mesh
Of the Fancy's silken leash;
Quickly break her prison-string,
And such joys as these she'll bring.—
Let the wingèd Fancy roam,
Pleasure never is at home.

con una cintura y unas caderas
blancas como las de Hebe, cuando el cintillo
libró su broche de oro y hacia abajo
cayó la túnica hasta los pies,
mientras sostenía la copa dulce
y Jove languidecía. Rompe la red
de la sedosa correa de la fantasía;
raudo rompe la cuerda de su prisión,
y tales júbilos te traerá.
Deja que la fantasía vague,
el placer nunca se encuentra en casa.

(Diciembre de 1818)

LA BELLE DAME SANS MERCI

I

O what can ail thee, knight-at-arms,
Alone and palely loitering?
The sedge is wither'd from the lake,
And no birds sing.

II

O what can ail thee, knight-at-arms,
So haggard and so woe-begone?
The squirrel's granary is full,
And the harvest's done.

III

I see a lily on thy brow
With anguish moist and fever dew;
And on thy cheek a fading rose
Fast withereth too.

LA BELLE DAME SANS MERCI

I

Oh, ¿qué te aflige caballero armado,
solo y pálido vagabundeando?
las juncias del lago están marchitas
y no canta ningún pájaro.

II

Oh, ¿qué te aflige caballero armado,
tan macilento y de pena lleno?
El granero de las ardillas está colmado
y ya han recogido la cosecha.

III

En tu frente veo un lirio mojado
de angustia y del rocío de la fiebre,
y en tus mejillas una pálida rosa
que raudamente se ha marchitado.

IV

I met a lady in the meads,
Full beautiful — a faery's child,
Her hair was long, her foot was light,
And her eyes were wild.

V

I made a garland for her head,
And bracelets too, and fragrant zone;
She look'd at me as she did love,
And made sweet moan.

VI

I set her on my pacing steed,
And nothing else saw all day long,
For sideways would she lean, and sing
A faery's song.

VII

She found me roots of relish sweet,
And honey wild, and manna dew;
And sure in language strange she said —
'I love thee true!'

IV

En los prados conocí a una dama
muy hermosa: hija de un hada,
su pelo era largo y el pie ligero,
y sus ojos eran fieros.

V

Para su cabeza hice una guirnalda,
y también brazaletes y cinturón fragante,
me miró como si me amara
y dio un quejido delicado.

VI

La coloqué en mi corcel andante
y no otra cosa vi aquel día,
pues al costado se echaba y una
canción de hadas cantaba.

VII

Me buscaba raíces de dulce gusto
y miel silvestre y rocío de maná,
y en lengua extraña sin duda
decía: —de verdad te amo.

VIII

She took me to her elfin grot,
And there she gazed and sigh'd full sore,
And there I shut her wild wild eyes
With kisses four.

IX

And there she lulled me asleep,
And there I dream'd — ah! woe betide!
The latest dream I ever dream'd
On the cold hill side.

X

I saw pale kings and princes too,
Pale warriors, death-pale were they all;
Who cried. — 'La Belle Dame sans merci
Hath thee in thrall!'

XI

I saw their starv'd lips in the gloam,
With horrid warning gaped wide,
And I awoke, and found me here,
On the cold hill side.

VIII

Me llevó a una gruta de elfos
y allí lloró y suspiró sentidamente,
y allí le cerré los fieros,
fieros ojos con cuatro besos.

IX

Allí me arrulló para que durmiese,
y allí soñé, ¡ah, presagio del dolor!,
el último sueño que jamás soñé
en la fría ladera de la colina.

X

reyes pálidos y príncipes también,
pálidos guerreros, todos con palidez de muerte;
gritaban: —«*la belle dame sans merci*
te ha hecho su esclavo».

XI

Y sus labios hambrientos en el ocaso
con el aviso horrible muy abiertos,
y me desperté y aquí me encontré,
en la fría ladera de la colina.

XII

And this is why I sojourn here,
Alone and palely loitering,
Though the sedge is wither'd from the lake,
And no birds sing.

XII

Y por esta razón aquí resido,
solo y pálido vagabundeando,
aunque marchitas estén las juncias
del lago y no canten pájaros.

(Abril de 1819)

LINES TO FANNY

What can I do to drive away
Remembrance from my eyes? for they have seen,
Ay, an hour ago, my brilliant Queen!
Touch has a memory. O say, love, say,
What can I do to kill it and be free
In my old liberty?
When every fair one that I saw was fair
Enough to catch me in but half a snare,
Not keep me there:
When, howe'er poor or particolour'd things,
My muse had wings,
And ever ready was to take her course
Whither I bent her force,
Unintellectual, yet divine to me;—
Divine, I say!—What sea-bird o'er the sea
Is a philosopher the while he goes
Winging along where the great water throes?

How shall I do
To get anew
Those moulted feathers, and so mount once more
Above, above

VERSOS A FANNY[101]

¿Qué puedo hacer para alejar
el recuerdo de mis ojos? ¡Pues ellos han visto,
ay, hace una hora, a mi reina deslumbrante!
El tacto tiene memoria. Oh, di, amor, di,
¿qué puedo hacer para matarlo y ser libre
con mi antigua libertad?
Cuando cuanta hermosa veía era bastante
hermosa para apresarme con solo medio lazo,
sin quedarse conmigo;
cuando a pesar de la pobreza o rico colorido de las cosas,
mi musa tenía alas
y estaba lista siempre a emprender su curso,
hacia donde yo dominaba su fuerza,
instintiva, sin embargo para mí divina,
¡divina, digo! ¿Qué pájaro marino sobre el mar
es filósofo, mientras va
volando hacia donde las grandes aguas se revuelven?

¿Qué haré
para renovar
estas plumas mudadas y así de nuevo
elevarme, elevarme,

---

[10] Fanny Brawne fue la gran amada de Keats. (*Nota del traductor*).

The reach of fluttering Love,
And make him cower lowly while I soar?
Shall I gulp wine? No, that is vulgarism,
A heresy and schism,
Foisted into the canon-law of love;—
No,—wine is only sweet to happy men;
More dismal cares
Seize on me unawares,—
Where shall I learn to get my peace again?
To banish thoughts of that most hateful land,
Dungeoner of my friends, that wicked strand
Where they were wrecked and live a wrecked life;
That monstrous region, whose dull rivers pour,
Ever from their sordid urns unto the shore,
Unown'd of any weedy-haired gods;
Whose winds, all zephyrless, hold scourging rods,
Iced in the great lakes, to afflict mankind;
Whose rank-grown forests, frosted, black, and blind,
Would fright a Dryad; whose harsh herbaged meads
Make lean and lank the starv'd ox while he feeds;
There bad flowers have no scent, birds no sweet song,
And great unerring Nature once seems wrong.

O, for some sunny spell
To dissipate the shadows of this hell!
Say they are gone, — with the new dawning light
Steps forth my lady bright!
O, let me once more rest
My soul upon that dazzling breast!

por encima del aleteante amor,
y hacerle humillarse mientras más alto me elevo?
¿Beberé vino? No, eso es grosero,
herejía y cisma,
que se han deslizado en los cánones del amor;
no, el vino solo es dulce para los hombres felices;
cuitas más lúgubres
me aprisionan desprevenido;
¿dónde volveré a recobrar de nuevo la paz?
Para barrer los pensamientos de esa tierra tan odiada,
carcelera de mis amigos, esa malvada orilla
donde naufragaron y llevan una vida naufragada,
esa monstruosa región, donde vierten grises ríos,
siempre desde sus sórdidas urnas a la ribera,
desposeída de todos los dioses de cabellos herbosos;
cuyos vientos, sin céfiros, mantienen cetros flagelantes,
helados sobre grandes lagos, para hostigar a la humanidad;
cuyos bosques espesos, helados, negros y ciegos,
asustarían a una dríada, cuyos prados de dura hierba
adelgazan y empalidecen al buey que en ellos se nutre;
allí los capullos de las flores no huelen, ni los pájaros
tienen dulce canción,
y la gran e infalible naturaleza parece por una vez errónea.

¡Oh, que un soleado claro
disipe las sombras de este infierno!
Digamos que han desaparecido... ¡Con la nueva luz del alba
adelántase mi refulgente dama!
¡Oh, deja que de nuevo descanse
mi alma sobre tu pecho deslumbrante!

Let once again these aching arms be placed,
The tender gaolers of thy waist!
And let me feel that warm breath here and there
To spread a rapture in my very hair,—
O, the sweetness of the pain!
Give me those lips again!
Enough! Enough! it is enough for me
To dream of thee!

Deja que de nuevo estos doloridos brazos
sean los tiernos carceleros de tu cintura!
¡Y déjame sentir ese aliento cálido aquí y allá,
extendiendo el éxtasis en mi mismo cabello:
oh, la dulzura del dolor!
¡Dame de nuevo esos labios!
¡Basta! ¡Basta! ¡Me basta
con soñar contigo!

(Octubre de 1819)

THIS LIVING HAND

This living hand, now warm and capable
Of earnest grasping, would, if it were cold
And in the icy silence of the tomb,
So haunt thy days and chill thy dreaming nights
That thou would[st] wish thine own heart dry of blood
So in my veins red life might stream again,
And thou be conscience-calm'd—see here it is—
I hold it towards you.

ESTA VIVA MANO

Esta viva mano hoy cálida y capaz
de ansioso estrechamiento, si estuviera fría,
y en el helado silencio de la tumba,
tanto perseguiría tus días y helaría tus noches soñadas,
que desearías que en tu propio corazón se secase la sangre,
para que en mis venas volviese a correr la roja vida,
y así te calmases la consciencia. Mírala, aquí está:
hacia ti la extiendo.

(Noviembre de 1819)

Here lies one whose name
was writ in water.

Aquí descansa un hombre cuyo
nombre fue escrito con agua.

Epitafio de la tumba
de John Keats, en Roma

ÍNDICE

Prólogo: John Keats 7

SONETOS

On First Looking Into Chapman's Homer 30
Al examinar por primera vez la traducción de Homero, hecha por Chapman 31
Adressed to the Same [Haydon] 32
Soneto dirigido a Haydon 33
On the Grasshopper and Cricket 34
El saltamontes y el grillo 35
On Seeing the Elgin Marbles 36
Al ver los mármoles de Elgin 37
On the Sea 38
Al mar 39
When I Have Fears that I May Cease to Be 40
Cuando temo que pueda dejar de existir 41
What the Thrush Said 42
Lo que dijo el zorzal 43
The Human Seasons 44
Las estaciones humanas 45
To Sleep 46
Al sueño 47
On the Sonnet 48
Al soneto 49

Bright Star, Would I Were Steadfast as Thou Art 50
¡Brillante estrella! Si fuera tan constante 51

ODAS

A poets 54
A los poetas 55
Ode to Psyche 58
A Psique 59
Ode to a Nightingale 64
Al ruiseñor 65
Ode on a Grecian Urn 74
A una urna griega 75
Ode on Melancholy 80
A la melancolía 81
To Autumn 84
Otoño 85

ENDIMION

Book I: Himno a Pan 90
Del Libro I: Himno a Pan 91
Book IV: Canción de la doncella india 96
Del Libro IV: Canción de la doncella india 97

HIPERION

Book I 110
Comienzo del Libro I 111

POEMAS DIVERSOS

Stanzas [In Drear-Nighted December] 120
En el oscuro y temible diciembre 121
Lines on the Mermaid Tavern 124
Versos escritos para la Taberna de la Sirena 125
Dawlish Fair 128
La Feria de Dawlish 129
Fragment of an Ode to Maia 130
Fragmento de una oda a Maya 131
Where's the Poet? 132
¿Dónde está el poeta? 133
Fancy 134
La fantasía 135
La Belle Dame Sans Merci 142
La Belle Dame Sans Merci 143
Lines to Fanny 150
Versos a Fanny 151
This Living Hand 156
Esta viva mano 157

Esta segunda edición de *Sonetos, odas y otros poemas*
se acabó de imprimir en Madrid el día 25 de
enero del año 2025, coincidiendo con
el 143 aniversario del nacimiento
de Virginia Woolf en Londres